순국지사 권기일과
후손의 고난

순국지사 권기일과 후손의 고난

초판 1쇄 발행 2011년 8월 10일

저 자_김희곤 ∥ 펴낸이_윤관백 ∥ 편집_이경남 · 김민희 · 하초롱 · 소성순 · 주명규 ∥ 표지_김현진
펴낸곳_도서출판 선인 ∥ 인쇄_대덕문화사 ∥ 제본_바다제책
등 록_제5-77호(1998. 11. 4)
주 소_서울시 마포구 마포동 324-1 곳마루B/D 1층
전 화_02)718-6252/6257 ∥ 팩 스_02)718-6253 ∥ E-mail_sunin72@chol.com
정 가_10,000원

ISBN 978-89-5933-460-5 93990

■저자와의 협의에 의해 인지 생략.
■잘못된 책은 바꾸어 드립니다.

순국지사 권기일과
후손의 고난

저자 _ 김희곤

새로 펴내며

10년 전, 이름 없는 한 독립운동가와 그의 가족이 겪은 이야기를 펴냈다. 알려지지 않은 인물이기도 하지만 워낙 자료가 없었다. 그래서 처음부터 책을 만들 생각은 아예 없었다. 그런데 어쩌다가 책도 아닌 책을 펴낸 일이 있다. 추산秋山 권기일權奇鎰과 그 후손이 살아온 가슴 아픈 이야기가 그것이다.

손자가 연구실을 찾아오면서 권기일과의 만남이 시작되었다. 할아버지의 기념비를 안동댐 입구에 세워보려는 뜻을 손자가 내비치자마자, 필자는 손사래 쳤다. 독립운동 유공자가 전국에서 가장 많은 안동인데, 그 분들 기념비를 다 세우다보면, 안동은 비림碑林이 되고 말테니까. 그러자 손자는 아쉬운 표정으로 돌아섰다. 2년이 지나 손자는 다시 의견을 물어왔다. 한적한 고향마을 어귀에 세운다면 괜찮겠느냐고. 차마 그것까지 반대할 수는 없었다. 그 길로 그 분의 고향마을을 찾았다. 정말 작고도 조용한 시골마을이었다. 조상의 묘소가 줄지어 내려서는 곳, 마을 어귀를 지켜보는 자리에 터를 정했다.

우선 연보를 작성하고 기념비문을 적으려면 자료를 찾아야 했다. 그런데 기가 막혔다. 자료라고 들추어보아야 종이 한 장을 메우기도 힘들 지경이었다. 만주로 망명한 뒤 8년 만에 일본군에게 참살 당했는데, 그 사실을 보여주는 자료는 오로지 순국자 명단에 들어 있는 이름 하나뿐이다. 연보를 적을 것도 없고, 기념비문을 쓸 내용도 없는데, 더구나 제막식에서 강연할 때 돌릴 안내장 인쇄마저 어려울 지경이다. 고민을 거듭하다가, 후손들이 걸어온 고난의 길을 확인하면서, 차츰 초점이 거기에 맺혔다. 그래서 펴낸 책이 『독립운동으로 쓰러진 한 명가의 슬픈 이야기』(영남사, 2001)였다. 꼭 10년 전의 일이다.

세월이 흐르면서, 다시 고쳐 출판하는 것이 좋지 않겠느냐는 주문이 더러 제기되었다. 그렇다고 없던 자료가 많이 쏟아져 나온 것도 아니니, 완전히 새 글을 쓸 형편도 아니다. 고민 끝에 내린 결론은 한계가 있더라도 새 글을 써보자는 것이다. 그래서 틀리고 빠진 내용을 채워 넣고, 현장을 새로 답사하면서 사실을 좀 더 정확하게 되살려내는 데 초점을 맞추었다.

다시 쓰면서 누구보다 추산 권기일의 손자 권대용權大容씨의 열정과 절제된 자세에 감사드린다. 말하지는 않아도 책을 새로 내고 싶은 생각이야 얼마나 간절했을까. 필자는 10년 전에도 그랬듯이, 이 책을 '문중사업' 차원에서 손을 대고 싶지는 않았다. 한 순간에 무너져버린 한 가문의 이야기를 되살리고, 앞으로 이 문중이 걸어갈 길에 대해 지켜보면서, 과연 역사의 정의가 무엇이고, 어떻게 나타나는지를 가늠해보자는 데 그 뜻을 두었던 것이다. 손자 권대용씨의 움직임도 필자의 뜻과 맞는다. 그는 광복회 안동시 지회의 사무국장을 맡아 왔다. 안동시 지회는 시군 단위 지회로는 전국에서 처음 조직된 것인데, 창립과정과 활동에서 그의 기여도는 여간 높은 것이 아니다. 그는 또 안동독립운동기념관 운영위원을 맡기도 하고, 특히 올해 들어 광복회 대의원으로 뽑히기도 했다. 할아버지를 기리는 일보다는 독립운동의 역사와 뜻을 널리 알리고, 후손들의 권익을 위해 부지런히 움직이는 그의 진정성이 이 책을 새로 쓰는 계기가 된 셈이다.

사진 촬영이나 자료 정리는 물론, 지도 제작과 교정 작업에 매달린 한준호·김주현 등 학예연구원들의 도움에 고마움을 표해둔다. 또 도서출판 선인의 윤관백 사장님과 편집부 담당자에게도 감사의 말씀을 드린다.

대한민국 93년(2011)

안동독립운동기념관에서 김 희 곤

순국지사 권기일과 후손의 고난

새로 펴내며 / 4

I. 순국지사 권기일과 후손의 고난 / 9

폭우 속에 올리는 손자의 절 _ 11
그가 태어난 대곡(대애실·한실) _ 18
대곡마을에터 잡기까지 _ 26
넉넉한 명문 집안에서 태어나다 _ 36
일찍 부모 여의고 조부 손에 자라다 _ 44
나라 잃자, 망명을 준비하다 _ 49
독립군 양성과 동포사회 운영 _ 65
신흥무관학교에서 일본군 공격받아 순국하다 _ 82
후손과 문중의 종가 재건 노력 _ 101
리어카 간장장수가 된 명가名家의 주손 _ 113
그래도 민족정기는 살아 있다 _ 119

II. 부록 / 129

연보 _ 131
행상行商하는 '부창부수婦唱夫隨'(《신동아》1969. 8) _ 134
간장장수 권형순權衡純씨(《신동아》1969. 8) _ 141

III. 찾아보기 / 163

I
순국지사 권기일과 후손의 고난

폭우 속에 올리는 손자의 절
그가 태어난 대곡(대애실·한실)
대곡마을에 터 잡기까지
넉넉한 명문 집안에서 태어나다
일찍 부모 여의고 조부 손에 자라다
나라 잃자, 망명을 준비하다
독립군 양성과 동포사회 운영
신흥무관학교에서 일본군 공격받아 순국하다
후손과 문중의 종가 재건 노력
리어카 간장장수가 된 명가名家의 주손
그래도 민족정기는 살아 있다

순국지사 권기일과 후손의 고난

폭우 속에 올리는 손자의 절

엄청난 폭우가 쏟아진다. 한 치 앞을 보기 힘들 지경이다. 15명 일행은 한 자리에 선다. 쓰고 있는 모자 창 아래로 굵은 빗줄기가 흘러내리고 안경은 뿌옇게 눈길을 막는다. 그래도 모두들 한 사람의 움직임에 눈길을 모은다. 젖은 옷섶에서 북어포와 소주를 꺼낸다. 야트막한 돌무더기 위에 종이 접시를 놓고 제상을 차린다. 술을 올리고 절을 드린다. 묵념으로 경의를 표한다.

2006년 여름, 이곳은 신흥무관학교가 있던 곳이다. 합니하哈泥河가 휘감아 도는 언덕 위에 학교가 있었다. 독립군가를 부르며 내 나라를 찾고 내 겨레를 살리려고 땀 흘리던 바로 그곳이다. 1911년 길림성 유하현 삼원포에 도착한 독립운동가들이 신흥강습소를 열고, 이를 키워 옮긴 것이 두 번째 자리, 바로 광화光華의 합니하였다.

제상을 차리는 데는 두 가지 뜻이 담겨 있다. 이곳에서 활동하신 모든 분들에 대한 추념도 되겠지만, 특별히 오늘은 이곳에서 순국한 한 분을 기리는 자리이기도 하다. 1920년 8월 15일, 일본군이 이곳에 들이닥쳐 독립운동가들을 죽였다. 두 달 앞서 펼쳐진 봉오동전투에서 참담하게 패배했던 일본군이 독립군의 텃밭을 짓밟아버리겠다고 나선 길이다. 독립군이야말로 동포사회라는 텃밭이 없다면 하루도 존립할 수 없을 것이라는 판단 아래, 일본군이 그 텃밭을 짓밟는 정책을 채택한 것이다. 만주군벌 장작림이 손아귀에 틀어쥐고 있던 만주였으므로, 일본이 그 정권에게 무기와 자금을 주면서 대신에 한국 독립운동가를 찾아내는 수색대를 파견하기에 이르렀다. 그 바람에 신흥무관학교를 지키고 있던 몇 사람이 참혹하게 죽임을 당했다. 안동출신 추산秋山 권기일權奇鎰도 그 가운데 한 사람이었다. 수수밭에 끌려가 총검으로 참살을 당했다.

권기일은 1912년 고향을 떠나 독립운동 현장에 뛰어 들었고, 8년 만에 최후를 맞은 것이다. 바로 그 터에 손자가 섰다. 85년 세월을 후딱 넘어 할아버지를 찾아온 길이다. 정확한 자리야 알 수는 없지만, 신흥무관학교 터 주변이 온통 옥수수와 수수밭이니, 그 가운데 이곳 어디쯤이었을 것이다. 유해도 학교 바로 곁 '깨금다리 밭'에 묻혔다고 전해진다. 한 발을 들고 한 발로 서는, '깨금발'로 서야 겨우 경작할 수 있는 비탈진 밭이란 말이 아닌가 짐작된다. 그렇다면 바로 건너편 1백 미터도 안 되는 가까운 비탈진 언덕배기, 그 어디쯤에 묻혔으리라. 양동이로 들어붓듯 쏟아지는 폭우 때문에 장소를 제대로 헤아릴 길은 없지만, 그래도 이곳에 할아버지의 영혼이 있어 지

합니하 신흥무관학교 가는 길

폭우 속에 올리는 손자의 절 ■ 13

켜보리라는 느낌은 생생하다.

쉽게 잊을 수 없는 사람이 어디 이 할아버지뿐일까. 그러나 할아버지는 이름 있는 집안의 주손이니, 그의 순국은 바로 한 문중의 종말을 뜻하기도 하지 않은가. 그래서 실제로 한 집안이 마침표를 찍은 것이나 다를 바가 없게 되지 않았던가. 안동 길거리에 나가서 우리 집안이 옛날에는 꽤나 괜찮았다고 말해 봐도 누구 한 사람 그렇게 이해해 주지 않았다. 심하게는 비아냥거리기조차 했다. 말해보았자 아무도 인정하려 드는 이가 없다. 내가 어느 문중의 주손이라 말해도, 그냥 코웃음 친다. 종가도 없고, 재산도 없고, 더구나 살아가는 직업도 변변치 않으니. 차라리 가슴에 묻고 살자. 그렇게 살아온 손자의 삶이다. 아버지가 할아버지의 역사를 되살려 보려고 무진 애를 쓴 것도 모두 이 때문이다.

손자의 볼에 흐르는 것이 눈물인지 빗물인지 구분되지 않는다. 얼마나 이곳을 찾고 싶었나. 할아버지가 순국하던 날, 하나 뿐인 아들, 곧 이 손자의 아버지 권형순權衡純은 세 살이었다. 만주에서 성장한 그 아들은 광복된 뒤 고국으로 돌아와 고생하면서도, 독립운동을 펼치다가 숨져간 아버지의 삶을 되살리려고 애를 썼다. 그 덕분에 공적을 인정받아 건국훈장을 수여받아 아버지 권기일의 삶과 순국을

85년만에 절 올리는 손자

폭우 속에 올리는 손자의 절

폭우를 뚫고 저 멀리에 있는 신흥무관학교를 찾아가고 있다.

증명해냈다. 이제 그러한 뜻은 고스란히 손자 권대용權大容에게로 이어졌다. 손자는 아버지의 못 다 이룬 현장 방문과 참배 소망을 이번에 해낼 수 있게 된 것이다.

  곁에 선 사람들도 대부분 독립운동가의 후손들이다. 석주石洲 이상룡李相龍의 증손자도 섰다. 안동독립운동기념관은 문을 열기 전인 2006년부터 해마다 서간도 탐방을 기획하게 되었다. 그 첫 머리에 독립운동가 후손들이 나선 것이다. 이를 보도하려고 나선 방송국 카메라는 비닐 덮개를 씌워도 폭우를 이겨낼 길이 없고, 뿌옇게 변해가는 렌즈와 화면을 어쩔 수 없다. 끝내 이 장면을 끝으로 그 날 카메라는 더 이상 작동하지 못했다. 참배 장면이나마 찍은 것을 다행스럽게 여길 정도다.

  돌아서기에는 아쉬움이 너무 남는다. 이 어디쯤 할아버지 묻힌 밭이 있을 테고, 할아버지의 영혼이 지켜보고 있을 터인데, 이대로 돌아서야 한다는 것이 아쉽고도 서럽다. 한 순간도 할아버지를 잊지 않았다.

  한 순간 모든 것을 잃은 그 할아버지의 최후 장소를 이제 찾아왔다. 육신이 묻힌 곳이 여기 어디쯤이겠지만, 당신을 그리워 찾아온 이 손자를 영혼은 보고 계시리니 짐작한다. 서럽게 살아온 지난날을 되돌아보면서……

그가 태어난 대곡(대애실·한실)

안동 시내에서 남쪽으로 대구·의성을 향하는 5번 국도, 중앙고속도로 남안동 나들목을 향해 가는 통로를 따라 한티재를 넘으면 요즈음 세워진 남례문이 버티어 섰다. 안동대교에서 2.5km 남짓한 곳이다. 남례문을 지나자마자 오른쪽으로 난 출구로 빠져 나가면 이곳이 곧 무릉이다. 근처에 복숭아밭도 있으니, '무릉도원'인 셈이다. 요즘에는 노인병원과 한방병원으로 이름난 곳이기도 하다. 그곳에

대곡 위치도

대곡 가는 길

서 오른쪽, 곧 서쪽으로 난 지방도를 따라 4km 정도 들어가면 남쪽으로 검암교 다리가 있다. 이 다리를 건너자마자 왼쪽으로 돌아 100m 정도 다가서면 작은 골짜기가 하나 있고, 그 속으로 마을 하나가 눈에 들어선다. 이곳이 바로 대곡大谷이다.

대곡이라는 마을 이름에 고개가 갸웃해진다. 큰 골짜기라는 뜻일 텐데, 아무리 보아도 좁고 작기만 하다. 들어서는 입구에 작은 못 둑이 보이고, 그 뒤로 좁은 골짜기가 산속으로 쭉 이어진다. 그 서쪽 자락으로 집들이 옹기종기 늘어서 있다. 골짜기가 좁기도 하려니와, 또한 남쪽 방향으로 들어가는 골짜기이니 집들은 남향으로 들어서기 힘들게 마련이다. 그런데도 이름은 대곡이란다.

아무래도 이상하다. 다른 이름을 찾아보니, 대야大也·대애실·한실이라고도 불린다. 1600년대 초에 권기權紀가 쓴 『영가지永嘉誌』에는 이 마을을 대야곡大也谷이라 기록했으니,[1] '대애실'이란 말을 한자로 옮겨 놓은 것으로 보인다. '한실'도 뜻이 큰골이니, '대곡'인 셈이고, 대야곡과 같은 의미를 가진 지명이다. 아마도 '대애', 혹은 '대야'라는 발음을 한자로 옮기는 과정에서 만들어진 이름이 아닐까 추정해 본다. 또 언젠가 이곳에 대나무가 가득 있어 그랬는지도 모르겠다.

1_『永嘉誌』.

이 마을은 원래 삼척김씨들이 터 잡고 살았던 모양이다.

그 사실을 보여주는 비석이 하나 서 있는데, 마을 입구에 있는 못 둑의 중간쯤에 자리 잡고서 옛날 역사의 한 자락을 어설프게나마 전해 주고 있다. 아주 퇴락한 비각이 삼척김씨가 거의 떠나 버린 정황을 드러내 보이는 듯 하다. 그 뒤로 집들이 조그만 골짜기에 소복하게 20채 정도 들어 차 있다. 왼쪽 가파른 산자락으로 물이 흘러 내리고, 오른쪽으로 집들이 다닥다닥 붙어 있다. 서쪽으로 다시 산이 가파르게 솟아 병풍처럼 버티고 서 있는데, 그 산 위로 드문드문 묘소들이 보인다. 그 묘소들이 바로 주인공 권기일의 조상들이 묻힌 곳이다. 선산의 발치에 후손들이 내리 살아온 것이다.

  입구에서 바라보면 마을 가장 높은 곳에 제일 큰집이 한 채 우뚝 서 있다. 오래된 고가는 아니지만, 집터 자체는 이 마을의 대표격이라는 점을 쉽게 알려준다. 특히 집 마당에 들어서 보면, 검암 동네 앞 너른 들이 시원스레 한 눈에 들어온다. 바로 이곳에서 권기일이 태어났다. 집은 원래의 모습이 아니다. 더구나 후손이 소유하고 있지도 못하다. 권기일이 만주로 망명할 때, 자금을 마련하기 위해 팔아치웠기 때문이다. 또 그 뒤로 후손들이 이를 다시 사들일 힘도 없었다.

  이곳은 권기일의 집이라는 뜻만 있는 것이 아니다. 안동권씨 부정

대곡마을 원경

대곡마을입구

대곡마을 근경. 오른쪽에 권기일 기념비가 보인다.

공파副正公派 권가징權可澂(26세)의 후손들이 이곳에 터를 잡은 뒤 10대째 맏집을 이어온 주손이 살던 집이었다. 그 주손 권기일이 떠나버

권기일 집터

리면서 종가를 잃었고, 그 뒤로는 다시 되찾지 못하고 있다. 후손들의 안타까운 마음을 헤아릴 만하다.

권기일 집터에서 본 마을 입구

대곡마을에 터 잡기까지

권기일의 조상 가운데 족보상으로 안동 남후면으로 옮겨 온 첫 인물은 그로부터 7대조인 권진국權振國(29세)이다. 그렇다면 그는 어디에 살다가, 언제 무슨 이유로 이곳을 골라 옮겨 살았을까? 대체로 그의 몇 대 선조들이 살았던 마을과 어떤 관련이 있을 성싶다. 그러니 무엇보다 먼저 대곡마을에 터를 잡은 이 집안사람들의 조상들이 어디에 살다가 옮겨 왔는지 살펴보는 것이 순서일 것이다.

권기일은 안동권씨 부정공파의 36세世다. 그로부터 16대를 거슬러 올라가면, 안동시 서후면 금계金溪마을에 터를 잡은 권철경權哲經(20세)을 만나게 된다. 금계마을이라면 학봉鶴峯 김성일金誠一(1538~1593)과 경당敬堂 장흥효張興孝(1564~1633)로 이름난 마을이 아닌가. 이들 보다 한두 세대 앞서 태어나 이조판서와 의정부 우참찬을 지내면서 이름을 떨친 마애磨厓 권예權輗(1495~1549, 21세)는 바로 권철경의 아들이다. 임진왜란이 일어나자 마애의 손자인 권전權詮(23세)이 이순신 장군 아래에서 싸우다 전사하자, 국가는 권예의 셋째 손자이자 권전의 동생인 권지權誌에게 벼슬을 내렸다. 그러자 권지는 이를 마다하고 만년에 금계에서 진보현眞寶縣 문해촌汶海村, 지금의 영양군 입암면 산해

금계마을 전경

마애 권예의 고택

리 문해마을로 옮겨 살았다. 권기일의 조상이 금계마을을 떠난 때가 바로 임진왜란 이후라는 것을 알 수 있다.

　권지의 후손들도 학문을 이어 이름을 날렸다. 장흥효의 제자인 권창업權昌業(24세), 산택재山澤齋 권태시權泰時(25세), 그리고 갈암葛庵 이현일李玄逸의 제자인 권가징權可徵(26세)이 대표적인 인물이다. 이곳으로 옮겨 자리를 잡은 권지는 문해마을 강가 암벽 위에 초가를 지어 남경대攬景臺라 이름 지었다. 그러자 손자 권태시가 기와로 중건하였

문해마을과 남경대 가는 길

다. 그의 아들 권가징은 바로 안동시 남후면 대곡마을로 옮겨 터를 잡은 권진국의 3대조다. 이 글의 주인공인 권기일은 바로 그 권가징을 잇는 10대째 주손胄孫이다.

문해마을 강가 암벽 위에 자리한 남경대와 현판

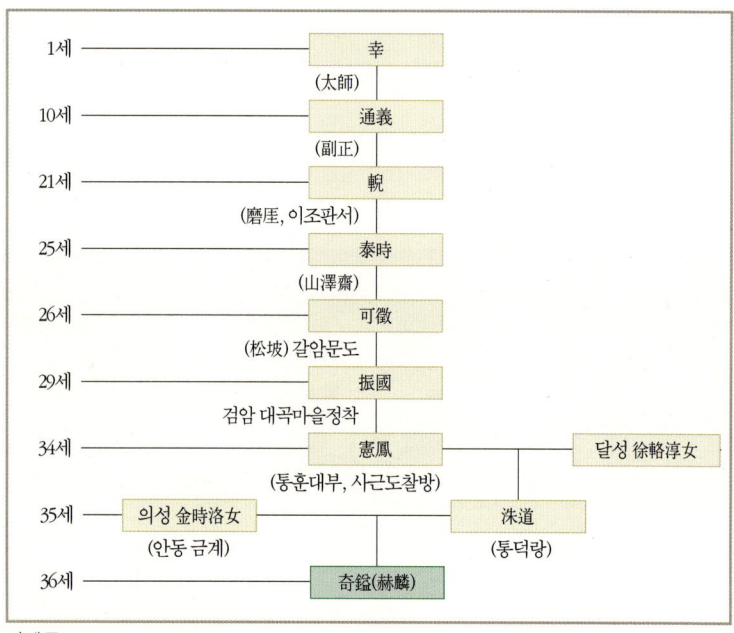

가계도 I

대곡마을로 옮겼다고 금계마을로 돌아온 것은 아니다. 그런데 왜 두 마을의 관련성을 상상할 수 있을까? 이 마을에 서 보면 희미하게나마 답이 보인다. 이 마을에서 북으로 트인 쪽을 보면, 2~3km 정도 떨어져 낙동강 물에 발을 담그고 하늘을 향해 동쪽으로 갸우뚱하고 고개를 내민 산이 있다. 청성서원靑城書院이 있는 청성산靑城山이다. 그곳에서 다시 북쪽으로 송야천松夜川을 따라 5~6km 정도 올라가면 금계마을이 있다. 권진국에게서 8대조인 권예가 살던 금계마을, 그곳의 숨결이 물길을 타고 들려오는 듯한 골짜기가 이곳이다. "진보 문해촌에 우거寓居하던 시절에도 정신적 고향은 금계마을이었다"고 말할 정도이니,[2] 그러한 정황을 짐작하고도 남는다. 더구나 대곡마을에서 서쪽으로 강기슭을 따라 2km 남짓 내려가면, 권예가 만년에 관직을 떠나 10년이나 머물던 낙강정洛江亭이 있지 않은가. 이 사실도 역시 선조의 유허지와 가까운 곳에 자리 잡은 마음을 읽을 수 있는 대목이다. '정신적인 고향 금계마을', 정신적인 지

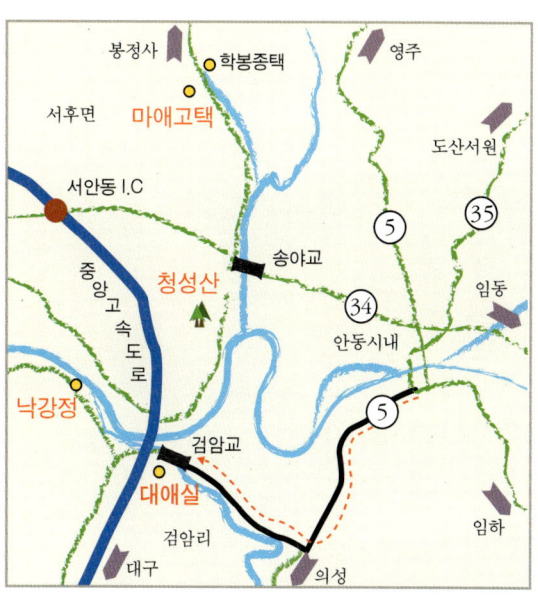

[2]_ 안병걸, 「혈통을 따라 흐르는 학문은 가문을 빛내고」, 『안동 금계마을 - 천년불패의 땅』, 예문서원, 2000, 61쪽.

대곡마을 어귀에서 청성산을(흰 테두리 부분) 보며

34 ■ 순국지사 권기일과 후손의 고난

권예가 머물던 낙강정(경상북도 문화재자료 제587호), 낙동강변에 위치하고 있다.

주인 마애 권예 선조의 만년 유적지 낙강정, 그 곁에 고른 터가 바로 대곡마을인 것이다.

넉넉한 명문 집안에서 태어나다

권기일은 1886년 10월 5일 안동군(현 안동시) 남후면 검암동儉岩洞 31번지에서 태어났다. 아버지는 권수도權洙道(자 성함聖涵, 1870~1902)요, 어머니는 의성김씨로 김성일의 후손인 김시락金時洛의 딸이다. 그의 첫 이름은 인술麟述이요, 본명은 혁린赫麟이며, 자는 공서公瑞, 호가 추산秋山이다. 권기일權奇鎰이라는 이름은 뒷날 바꾼 것이다.³ 먼저 '기일'로 쓰다가 '혁린'으로 본명을 바꾸었으며, 만주망명 이후에는 호적이나 족보에 등재된 이름을 피해, 어릴 때 쓰던 '기일'을 다시 사용한 것 같다.⁴

3_ 『안동권씨부정공파세보安東權氏副正公派世譜』2; 권형순權衡純, 「선부군유사先府君遺事」, 1950.1).
4_ 이름을 바꾼 사실에 대해서는 다소 의문이 있다. 큰 동생과 둘째 동생이 1911년 6월 2일자로 혁룡赫龍·혁기赫驥·赫琪라 고쳤다는 사실이 「제적등본」에 실려 있다. 이는 원래 기종奇鍾을 혁룡赫龍으로, 기영奇榮을 혁기赫琪·赫驥로 바꾸었다는 말이 된다. 그렇다면 권기일의 경우도 기일에서 혁린으로 바뀌었다고 봐야 옳을 것이다. 그런데 혁린이라는 이름은 동생들과 달리 이미 1908~1909

권기일이 자라나던 무렵에는 가세가 상당히 번창했던 것으로 보인다. 증조부 규한奎漢이 1889년에 가선대부嘉善大夫 동지중추부사同知中樞府事(종2품)가 되었다. 또 조부 헌봉憲鳳(태석台錫, 자 국필國弼, 호 석농石濃, 1853~1914)은 권기일이 태어나던 1886년에 통훈대부通訓大夫 행사근도찰방行沙斤道察訪(종6품)에 임명되었다. 당시 경상도 전체에 11명의 찰방이 있었는데, 사근도沙斤道 찰방은 경남 서남부 지역을 관통하는 사근도(함양-산청-단성-진주-하동-남해, 산청-삼가)를 관장하는 지방 요직이었다. 찰방은 종6품에 지나지 않는 직급이지만, 실제로는 역驛이나 교통만 관할하는 것이 아니라 지방수령들의 잘못을 수집하고 보고하는 직무가 주어져 있어 대간을 지낸 문관들도 파견되는 실질적인 자리였다. 그래서 통훈대부라는 정3품 당하관의 직급이지만, 종6품의 실직을 받았던 것 같다.[5] 여기에 아버지 권수도權洙道도 통덕랑通德郞을 지냈는데, 다만 32세라는 너무 젊은 나이에 아버지보다 먼저 세상을 떠나는 바람에 더 이상 관직생활을 하지는 못했다. 이처럼 증

년의 문서에 등장했다. 정실 후처의 소생이던 동생들이 '기奇' 자 이름을 쓰다가 혁린과 마찬가지로 '혁赫' 자 항렬로 맞춘 것이라는 의미인데, 그렇다면 권기일의 경우도 본래 기일이라는 이름을 쓰다가 혁린으로 바꾸고, 그 이름이 호적에 등재되었으며, 만주로 망명한 뒤에는 호적에 등재된 본명을 피하기 위해 원래 집에서 사용하던 '기일奇鎰'을 사용했다고 보는 것이 타당할 것이라 생각된다.
5_ 그의 이름에 약간의 혼선이 있다. 족보나 교지와 달리 「제적등본」에 그의 이름이 헌봉이 아니라 봉헌鳳憲이라 잘못 적혀있다. 뒤에 살펴보겠지만, 호적이 선산군善山郡 해평면海平面(현 구미시 해평면)으로 옮겨졌다가 다시 환원되는 과정에서 빚어진 잘못으로 짐작된다.

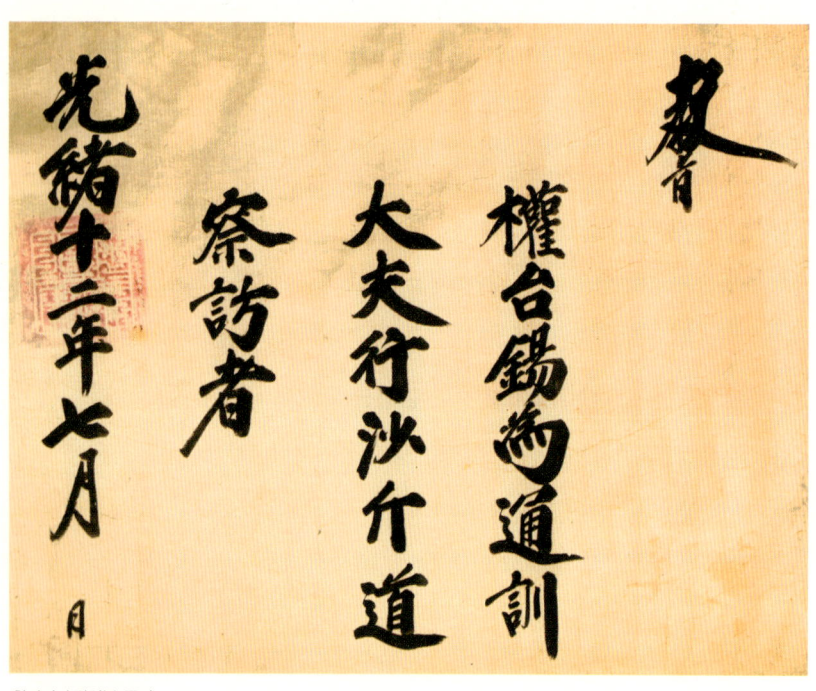

할아버지 권헌봉 교지

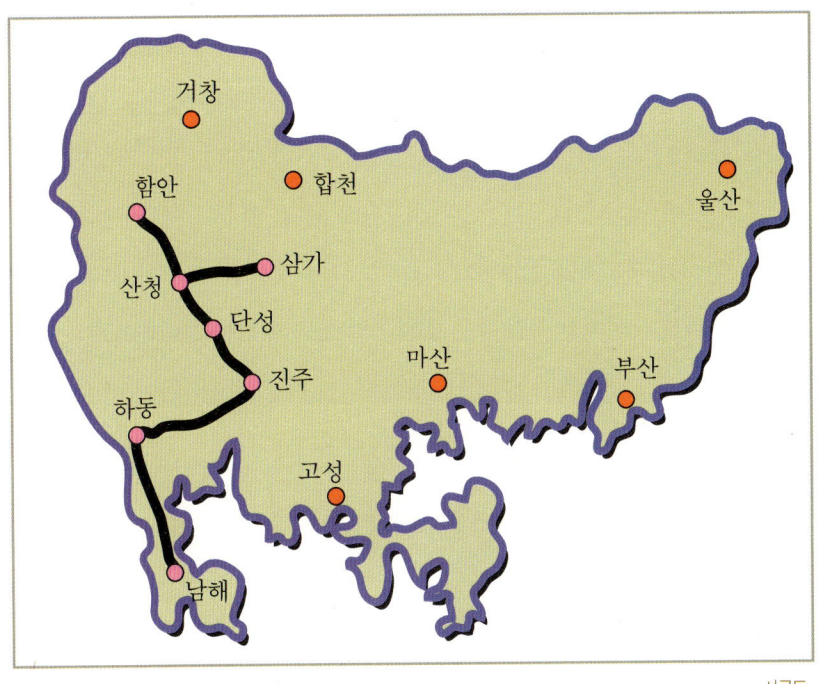

사근도

조할아버지와 할아버지, 그리고 아버지로 이어지는 관직은 권기일이 태어날 무렵 집안의 형편이 넉넉했음을 알려주기에 충분하다.

관직을 이어온 것만이 아니라, 권기일의 집안은 실제로 경제적으로도 상당히 넉넉한 상태였다. 가지고 있던 토지를 모두 알 수는 없지만, 집안에 전해지는 문서 몇 점만으로도 그러한 사정을 짐작할 수 있다. 현재 정묘년 9월, 기사년 9월, 경오년 9월에 각각 작성된 수곡 기록이 남아 있다. 수곡이란 수확하고 난 뒤 지주가 거두어들인 곡식을 말한다. 다만 이 자료만 가지고서는 정묘년·기사년·경오년이 정확하게 언제인지 알 수는 없다.[6] 일단 그 내용을 정리해보자.

〈경작 노비수와 수곡량〉

시기	경작자 노비/평민	토지량	수곡량	지역	자료상태
정묘년. 9. 10	39 / 1	166두락	1,542말	안동 춘평(春坪)	완본
기사년. 9. 5	45 / 3	165두락	1,115말	안동 춘평(春坪)	일부 결본
경오년. 9. 12	45 / 3	140두락	989말	질구지(叱狗地)	일부 결본

· 현재 남아 있는 세 가지 자료만으로 본 통계이다.

[6] 10년 앞서 이 자료를 1867, 1869, 1870년으로 소개한 일이 있다. 하지만 전공자의 견해는 경작을 맡은 노비 이름 앞에 '奴'라고 명기한 기록이 이 보다 훨씬 시대가 앞서 나타난 것이라고 밝힌다. 그렇다면 이 수곡대장 작성 시기는 17세기 전후의 것으로 짐작된다. 16세기에 영양군 문해마을로 이동하고, 17세기에 안동으로 다시 이동한 사실, 주손에게 서류가 전해지는 점, 그리고 경작지가 새로 옮겨 정착한 안동시 남후면과 가까운 점을 헤아린다면, 이것은 대개 17세기말에서 18세기의 기록이 아닌가 짐작된다.

이 자료를 보면 우선 농사를 짓는 사람의 이름이 위에 있고, 그 아래로 토지량·수곡량이 적혀 있다. 정묘년도의 수곡대장을 보면, 안동 춘평春坪 지역에서 166두락斗落의 땅에 경작자 39명의 노비와 평민 한 명이 등장한다. 춘평이라는 곳은 아마 의성군 안평면 삼촌리의 봄살이가 아닌가 짐작된다. 기사년 문서도 춘평이고, 경오년의 것은 질구지叱狗地로 적혀 있다. 질구지도 안동시 풍천면 인금리仁今里의 '질구니미골', 곧 병산서원 남쪽 강 건너 인금리 골짜기라 짐작된다.

기록의 맨 위에는 경작자 이름이 있는데, 이름 앞에 '노奴'를 적어둔 것이 대부분이다. 이름으로 보아 남자인 노奴와 여자인 비婢를 구별하지 않고 모두 '노奴'라고 적은 것 같다. 예를 들면 "노강심奴江心·노춘녀奴春女" 등이 그것이다. 또 같은 이름을 가진 다른 노비인 경우는 "을립乙立·소을립小乙立", "윤복允卜·소윤복小允卜"으로 표현하였다. 40명이 넘는 노비는 한 지역에서도 몇 군데 땅을 경작하였다. 노비라는 표시가 없는 사람은 한 사람, 혹은 세 사람이다. 그러므로 이 수곡대장에 기록된 땅의 대부분 경작자는 노비신분인 셈이다.

이름 아래로 땅의 크기가 적혀 있다. 단위는 두락斗落이니, 요즈음 마지기라는 말로 쓰이는 것이다. 또 그 아래로 야미夜昧라는 단위가

수곡대장 3년치

나오는데, '배미'라고 읽힌다. '배미'는 땅덩어리를 말한다. 그러니 몇 마지기 땅이 몇 필지로 이루어진 것인지 말하는 것이다. 예를 들어 경오년 서류를 보면, '소을립'이란 노비는 질구지叱狗地라는 지역에서 "3두락斗落 2야미夜味·2두락 1야미·3두락 9야미" 등을 경작하였다. 이는 두 필지로 된 세 마지기와 한 필지 짜리 두 마지기, 그리고 아홉 필지로 조각난 세 마지기 땅을 경작했다는 말이다.

모든 수곡대장은 아니지만, 기록에 보이는 것만으로도, 정묘년 수곡량이 1,542말임을 알 수 있다. 150석이 넘는 많은 양을 한 지역에서 수곡으로 받아들인 것이다. 기사년의 자료는 일부가 아주 빠져 있지만, 경오년의 자료는 마지막 부분이 빠져 있다. 일부 자료만으로도 이 정도에 이르니, 한말에 1,500석을 자랑했다고 집안에 전해지는 말이 그리 크게 과장된 것으로 여겨지지는 않는다. 여기에다가 대를 이어오는 학문과 관직까지 함께 갖추었으니, 그 무렵 가세를 자랑하기에 모자라지 않았을 것이다.

일찍 부모 여의고 조부 손에 자라다

집안의 가세가 대단했다는 사실과는 달리, 정작 권기일 자신은 불행한 성장과정을 보내야만 했다. 그의 나이 세 살 때 어머니를, 또 열여섯 살에 아버지를 잃었기 때문이다. 따라서 자연히 할아버지의 가르침 속에서 자라게 되고, 조부모가 부모 역할을 맡게 되었다. 그가 어머니를 잃고 나서 얼마 있지 않아 새 어머니 윤대승尹大升(파평 윤 하경尹夏慶의 딸, 1870~?)을 맞았는데, 그 아래 이복동생 3형제가 생겼다.

새 어머니를 맞을 즈음인 다섯 살부터 그는 한문을 배우기 시작하였다. 그리고 만 17세가 되던 1903년에 예천군 상리면 보곡甫谷 출신으로 가선대부로 참판을 지낸 안동김씨 김용묵金溶默의 딸 김성金姓(1885~1958)과 결혼하였다. 장인의 경력도 당시 그의 혼반婚班 수준이 상당했다는 사실을 말해주는 대목이다. 아내 김성은 본 이름이 있었을 터이지만, 제적등본에 그냥 '김성'으로 기록되어 있으니 그대로 쓸밖에 없다. 권기일은 1녀 1남을 두었다. 만주로 망명하기 전인 1910년에 낳은 딸이 귀향貴香이고, 만주로 망명한 뒤 1917년에 낳은 아들이 형순衡純(어릴 때 초명 형순亨純, 자는 경집敬集, 1917~1997)이다. 결혼한 시기에 비해 자녀를 늦게 둔 셈이고, 아들이 하나뿐이어서, 당시 한

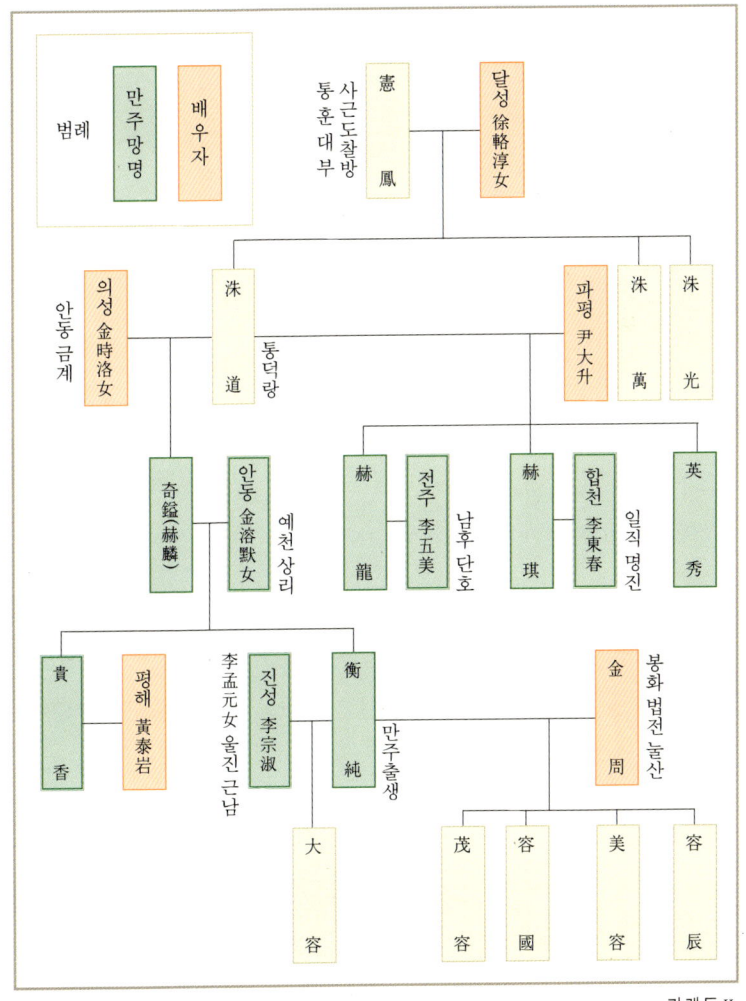

가계도 II

일찍 부모 여의고 조부 손에 자라다 ■ 45

집안의 주손으로서는 마음이 편하지 않았을 것이다.

권기일이 사회에 눈을 뜨게 된 때는 대개 결혼 직후, 스무 살에 접어들던 무렵이다. 1905년쯤부터 동장이나 면의원面議員을 5년 동안이나 맡았다고 아들 형순이 전하고 있는데, 그렇다면 대개 20대 초반에 그 일을 맡은 것이라 짐작된다. 그런데 여기에 등장하는 '면의원'의 성격을 짚어 볼 필요가 있겠다.

면面은 전통시대의 것과 대한제국, 그리고 일제강점기에 성격이 다르다. 대개 19세기 후반부터 시행되고 있던 면은 행정의 강제성이 없었다. 그러다가 대한제국 시기인 1906년에 들어 그 제도가 법제화되었다. 그런데 일제강점기에 들면서 일제는 1914년에 통치를 편리하게 만들기 위해 행정구역을 바꾸고 이를 통해 지방행정을 손아귀에 틀어쥐었다. 면장과 면협의회를 두어 친일세력으로 채워 넣은 것도 이를 위한 조치였다. 따라서 어느 시기에 면의원을 맡았나에 따라 성격이 하늘과 땅 차이다.

권기일이 면의원을 맡은 시기는 대한제국기에 해당한다. 그 시기에 면을 운영하는 데는 두 가지 조직이 있었다. 하나는 갑오경장(1894년) 때 일부 시행에 들어간 3회, 즉 동회洞會·면회面會·군회郡會 등 의결체가 있고, 다른 하나는 면의 일을 담당하는 하급 말단의 관리가 있었다. 면장이 면회의 대표가 되고, 구성원은 면의원이었는데, 이 면장과 면의원은 사족士族 출신들이 맡기도 하고 지방의 존위尊位라 불리는 동네 유지가 맡기도 했다. 동산東山 류인식柳寅植이 이 시기에 면장을 맡은 사실은 바로 그러한 정황을 말해준다. 이에 비해 면장 아래에서 행정을 맡은 자는 면리원面吏員이었고, 그 자리는 하급 신분의 인물이 맡는 것이 일반적이었다.

이렇게 보면, 권기일의 신분이나 집안의 형편이 당시 안동사회에서 내로라하는 사족이기 때문에 면회의원, 즉 면의원을 맡았음을 알 수 있다. 다만 한 가지 덧붙여 둘 사실은 1910년 이후 면장을 맡았던 인물이 대개 친일세력이라 하더라도 모두가 그렇다는 뜻은 아니다. 1919년 3·1운동 때 예안시위는 바로 예안면장 신상면과 그 직원들이 주도하고, 선언문 등사도 면사무소에서 이루어진 사실이 있기 때문이다. 하지만 이것은 예외적이고 특수한 경우라고 이해하는 것이 옳겠다.

다음으로 집안에 남아 있는 서류들을 보면 집안 재산문제로 송사를 벌인 일이 있는데, 바로 그의 이름 권혁린으로 작성된 서류가 몇 점 남아 있다. 이 사실도 부친이 일찍 사망한 뒤, 조부를 대신하여 그가 맡아야 했던 일 가운데 하나였던 것이다. 그 가운데 1908~1909

년에 걸쳐 수기手記와 표문標文 및 소송과 관련한 문서가 남아 있다.

1907년에 대동보大同譜 『안동권씨세보安東權氏世譜』를 발간하였는데, 아마 거기에 착오가 있었던 모양이다. 그래서 이를 다시 인쇄하는 문제로 그 대금을 주고 약정을 맺는 것과 이것이 제대로 진행되지 않아 대금을 둘러싸고 소송이 벌어지는 장면을 담은 문서들이 일

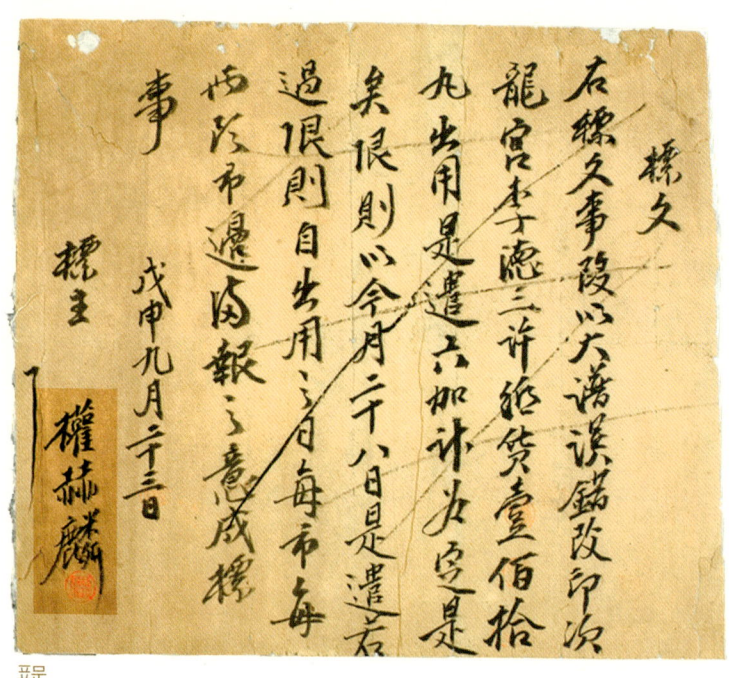

표문

부 남아 있다. 그 서류에 권기일이 조부를 대신하여 주역으로 나서 거나 대리인으로 활약한 모습이 나타난다. 만 20세에 이미 주요 서류에 등장하고, 더구나 소송대리인으로 활약한 일은 모두 어버이를 일찍 잃었기에 오는 것이고, 이를 통해 일찍 사회에 발을 디디게 된 정황을 헤아려 볼 수 있다.

나라 잃자, 망명을 준비하다

1910년에 나라를 잃게 되자, 그는 앞으로 나아갈 길을 가늠해 보았다. 나이가 만 24세가 되던 해이니, 이미 나라가 돌아가는 형편은 익히 알고 있는 터. 1907년 내앞마을에서 시작된 협동학교協東學校 소식도 그러하고, 교남교육회의 움직임도 그렇다. 또 1909년 세워진 대한협회 안동지회 활동도 마찬가지였다. 협동학교 입학생들은 자신과 나이가 비슷한 또래였으니, 비록 참가하지는 않더라도 눈길이 자주 갈 밖에 없었을 것이다. 더구나 조부가 교남교육회 회원이었던 것으로 짐작되는 자료가 있어 그러한 정황을 짐작하게 만든다. 1909년

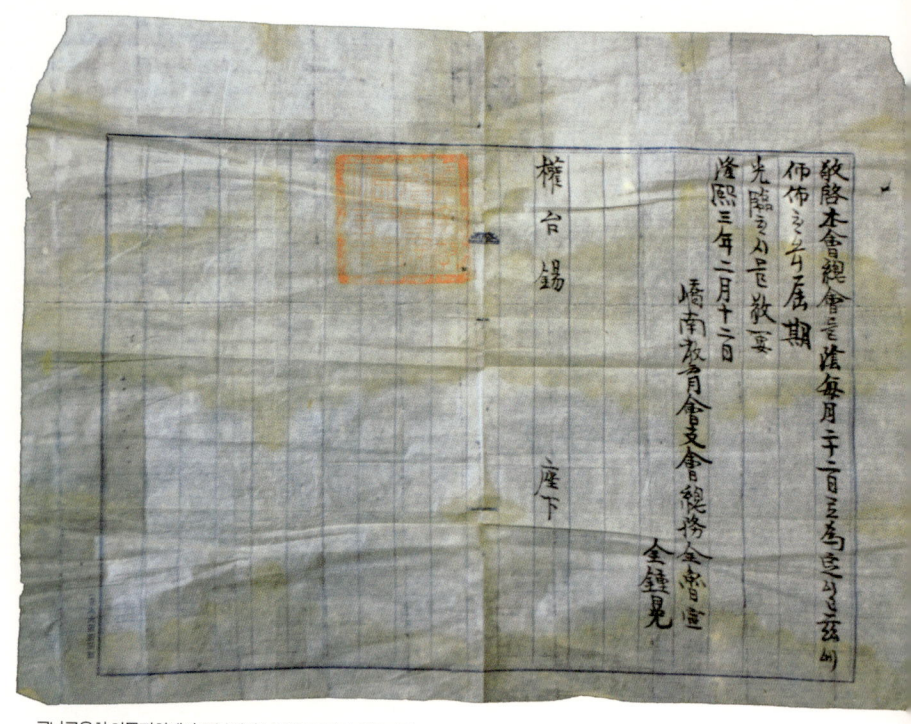

교남교육회 안동지회에서 조부에게 보내온 총회 안내통지문

교남교육회 안동지회가 총회를 열면서 참가해달라고 요청한 통지서가 집안에 전해온다.[7]

교남교육회는 1908년 서울에서 경상도 출신 인물들이 결성한 조직이다. 이 단체는 영남지역에 사범학교를 설립하여 교원을 양성한다는 것과 지회를 만들어 각 군 단위로 학교를 세워 새로운 시대에 맞는 인재를 길러내는 데 목적을 두었다. 또 이를 위해 회보를 비롯하여 필요한 책을 발간하기로 방향을 정했다.[8] 안동지회는 1908년 10월부터 논의되어, 1909년 음력 정월 20일 설립이 인가되었다. 이러한 소식이 당시 발간되던 《황성신문皇城新聞》에 실렸다.[9] 교남교육회 안동지회 총회 안내문이 보내진 대상은 권태석權台錫, 곧 권기일의 할아버지인 권헌봉이다. 조부 나이 만 56세 되던 때였다. 그렇다면 20대 중반에 들어서던 권기일로서는 조부가 이름을 넣어둔 계몽교육운동을 모른 채로 지낼 수는 없었을 것이다. 아쉽게도 권기일과 바로 연결되는 자료가 전해지지 않지만, 그가 교남교육회 활동이나 계몽교육운동에 관계를 가졌을 것은 분명하다.

7_ 통지문은 융희 3년(1909) 2월 12일에 발송된 것으로, 교남교육회 지회 총회를 음력으로 매달 22일 개최한다고 알리면서 참석을 요청했다. 발송자는 지회 총무를 맡은 김노선金魯宣·김종면金鍾冕이다.
8_《嶠南敎育會雜誌》第3號,「嶠南敎育會規則」, 58쪽.
9_《皇城新聞》1909년 2월 3일자.

또한 석주石洲 이상룡李相龍이 치고나간 대한협회 안동지회를 그도 모르쇠로 지내지는 않았으리라 짐작된다. 1909년 말에 안동에서 2천명이나 되는 청년들이 모인 가운데 강연회가 열렸다는 점이나, 이상룡을 존경하여 그를 뒤따라 만주로 망명하게 되는 사실, 그리고 이상룡과 김동삼金東三이 이끄는 활동무대에 참가하게 된 점도 모두 그러한 가능성을 말해주는 것이다. 그렇다면 이상룡이 펼친 강연회를 통해 그 자신도 나라 살리기, 정당과 민주제 등에 대해서도 듣고 느끼는 것이 있었을 것이다.

나라가 망하던 시절, 안동은 다른 지역보다 더 처절했다. 크게 나누면 두 가지 항쟁 줄기가 뻗어 나갔다. 하나는 자정순국 행렬이고, 다른 하나는 만주 독립군 기지건설이다.

일제 침략이 강화되고 나라가 무너져가자 목숨을 던져 일제 침략에 항거하는 선비들이 나타났다. 일제 침략의 부당함을 비판하면서, 어떤 일이 있어도 불의에 타협하지 않겠다는 의지의 표현이 곧 생명을 끊는 투쟁이고, 이를 자정순국自靖殉國이라 일컫는다. 안동문화권에서는 1908년 풍산 오미마을 출신이자 풍산 수동에서 살던 김순흠金舜欽이 먼저 자결하였다. 1910년 8월 나라가 망했다는 소식을 듣자마자, 안동 유림들의 자정순국 행렬이 본격적으로 시작되었다. 일찍

이상룡

김동삼

류인식

憤痛歌 분통가

우습고도 분통한다
無國之民 되단말가
離親去國 한단말가
憤痛한인 許多하나
니인들 더욱 憤痛하다
二氣五行 聚精히야
父母님께 禀愛할제
萬物中에 秀出하니
그언니 貴重한가
四民中에선 비되야서
그언니 多幸한가
李懼忠信 根柢삼고
仁義禮智 壯樸이라
四書六經 기둥삼아
詩賦表策 工夫로다
史魚董狐 스승삼아
史局諫院 드러서리
太祖大王 帶礪之盟
萬億年을 期約하고
世上이 板蕩커든
死於王事 하자던니

禮義東來 方엣담이서
靑邱世葉 구어써보니
時來運到 됴흔바람
事君之路 썬에거던
北寺黃門 두다리고
小人告訐 버려닛야
太平聖만 나거던
日月山龍 繡을노코
庚戌年 七月 愛故
삼일낫가 참일반가
二十八世 宗廟陵寢
香火 絶긋 한단년
간도槍도 못써보고
이地境이 되단말가

김대락 『백하일기』 중 분통가

이 예안의병장을 지낸 향산響山 이만도李晩燾가 단식한 지 24일 만에 순국하였으며, 그의 삼종질인 동은東隱 이중언李中彦 등이 그 뒤를 따랐다. 하회마을의 류도발柳道發, 와룡의 권용하權龍河, 풍천면 갈전에 살다가 도산 양평마을로 옮겨간 이현섭李鉉燮, 풍산 소산마을의 김택진金澤鎭 등도 그러했다. 나라가 무너져가던 시절, 또 무너졌을 때, 온 나라에서 자정순국한 인물이 모두 90명, 여기에서 출신 지역이 확인되는 인물이 70명 정도다. 그 가운데 안동과 관련된 인물이 10명이다.[10]

다른 한편으로는 망명의 대열이 장엄하게 나타났다. 1910년 12월 말부터 시작된 망명행렬은 1911년 1월부터 3월 사이에 집중되었다. 내앞마을의 협동학교 관계자를 중심으로 망명이 펼쳐지기 시작한 것이다. 이상룡을 비롯한 도곡동의 고성이씨 문중, 백하白下 김대락金大洛과 일송一松 김동삼金東三을 비롯한 내앞마을 의성김씨 문중, 동산東山 류인식柳寅植을 비롯한 전주류씨 문중 등이 핵심을 이루어 망명하였다. 권기일은 안동 혁신유림들이 망명하고 있다는 소식을 들으면서 자신이 선택할 길에 대해서도 앞뒤를 헤아려 보았다. 그러다가 마침내 만주로 향했다.

[10]_ 김희곤, 『나라 위해 목숨 바친 안동 선비 열 사람』, 지식산업사, 2010.

권기일이 만주로 망명한 시기는 1912년 3월이다. 이상룡이 떠난 지 한 해가 조금 더 지난 때였다. 그런데 그가 망명을 염두에 둔 시기는 이보다 훨씬 앞선 1910년 말쯤으로 짐작된다. 왜냐하면 자신의 망명에 대해 이미 이상룡의 지도를 받았다는 이야기가 전해지기 때문이다. 1910년, 만 24세 청년 권기일이 지역의 혁신유림의 큰 지도자로 자리를 잡은 이상룡에게 가르침을 받고, 자신이 앞으로 따를 길을 준비하게 된 것으로 정리할 수 있다. 그렇다면 그 만남은 당연히 이상룡이 만주로 망명하기 전에 이루어졌을 터. 이상룡이 1911년 1월 초에 떠났으니, 이전에 그러한 만남이 이루어졌을 것이다.

이상룡이 준비하고 떠나는 급박한 시점에, 권기일도 마음을 정하고 준비에 나섰을 것이다. 그는 먼저 조부의 허락이 필요했다. 아버지를 먼저 여읜 그는 집안으로서는 매우 귀중한 주손이다. 그러니 나이가 많은 할아버지를 설득하고 허락을 받는 일은 대단히 중요한 절차였다. 그래야 가산을 정리하는 일도 시작할 수 있었을 것이다. 하지만 토지를 파는 일은 그리 쉽지 않았다. 한 순간에 그 많은 토지들을 팔아치울 수도 없으니, 일부만, 그것도 조용하게 처분하였다.

그는 노비문서도 불태웠다. 이것도 할아버지의 허락이 있은 뒤에 가능한 일이었다. 1894년에 공식적으로 노비가 해방되었지만, 어디까지나 공노비가 그 중심이고, 실제로는 1910년에도 큰 집안에는 많은 노비들이 있었다. 그래서 만주로 망명길에 오르던 집안들은 이 무렵 노비문서를 불태워 정리하는 경우가 많았는데, 이 집안도 이 무렵에 정리했다고 전해진다.

본격적인 망명준비는 1911년 여름에 시작되었을 것 같다. 이때부터 나타난 여러 가지 변화가 이를 짐작하게 해준다. 그 첫 움직임으로 1911년 6월 형제들의 이름을 바꾼 사실을 들 수 있다. 새 어머니에서 태어난 동생들의 이름이 자신이 사용하던 항렬 혁赫자와 달리 기奇자를 사용하던 것을 자신의 것과 맞추었다. 기종奇鍾을 혁룡赫龍으로, 기영奇榮을 혁기赫琪·赫驥로 각각 바꾼 것이다. 곧 자신의 이름 혁린赫麟이라는 항렬에 맞추어 가첩이나 족보를 정비하였다고 생각된다.

둘째 변화는 할아버지를 비롯하여 호적 전체를 다른 지역으로 옮겨 버린 것이다. 안동군 남후면 대야동大也洞 3통 1호에서 선산군 해평면 해평동 53번지로 주소를 옮겼다. 그 때가 1911년 12월 19일이니, 망명을 2개월 조금 더 남겨둔 시점이다. 왜 그랬는지 정확한 이유는 알 길이 없지만, 실제로는 이사한 것 같지는 않다. 일시적으로 주거지를 바꿀 수는 있겠지만, 200년 정도 내려오던 마을이요, 선조들의 묘소를 이고 있는 마을을 쉽게 떠날 수는 없었다. 뒷날 정리된 호적부를 보면, 이들이 주소지만 옮겼을 뿐, 실제로 선산군으로 옮겨 살지는 않았던 것 같다. 권기일이 망명한 뒤 2년 반쯤 지나 할아버지가 본적지인 안동시 남후면 검암동 31번지에서 사망한 것으로 호적에 정리되었기 때문이다.[11] 그렇다면 왜 이런 일이 벌어졌을까. 정확한 사정을 알 수 없다. 다만 추정한다면, 장차 망명길에 오를 손자와 그 가족들의 앞날을 헤아려 국내 근거지를 모호하게 지워버리려 했던 것은 아닐까. 그렇다면 이러한 움직임은 조부 권헌봉이 손자 권기일의 망명계획을 적극 지지하였다는 뜻도 들어있으리라 짐작된다.

사실 조부로서는 참으로 답답한 노릇이 아닐 수 없었을 것이다. 아들을 일찍 잃고 직접 키운 손자를 귀하게 여기지 않을 할아버지가 어디 있으랴만, 이 손자는 집안을 계승해야 하는 주손胄孫이 아닌가. 그런 손자가 망명함으로써 대가 끊어질지도 모른다는 우려는 그에게 심각한 부담이 되고도 남을 일이었다. 또 나이가 육순이나 된 자신이 다시는 살아서 손자를 볼 수 없으리라는 짐작도 고통을 더하는 일이었을 것이다. 실제로 할아버지는 손자 권기일이 망명한 지 2년 8개월 지난 1914년 11월, 세상을 떠났다. 끝내 손자를 다시는 볼 수 없었던 것이다. 그런 정황이 눈앞에 그려짐에도 불구하고,

11_「제적등본」.

조부는 손자의 결의를 높이 평가하였다. 그래서 자신이 짐 되지 않아야 한다고 판단하고서, 손자의 망명준비에 걸림돌이 되지 않으려고 주소지를 옮긴 것이 아닐까 짐작된다.

주소지 변경은 권기일의 본격적인 망명준비가 마무리에 접어들었다는 뜻으로 보인다. 주소지가 바뀐 기간이 1911년 12월부터 그가 망명길에 오른 1912년 3월 10일까지 두 달 20일에 지나지 않았기 때문이다. 토지 매각을 마무리하거나 뒷일을 집안사람들에게 맡기고, 특히 육순을 맞은 조부를 뒤돌아보면서 그는 망명을 준비했던 것이다.

이를 통해 짐작할 수 있는 사실은 다음과 같다. 첫째 그가 망명을 머릿속에 그리던 때가 나라가 무너지고 만주망명이 본격적으로 논의되던 1910년 후반이라는 점과 거기에 이상룡의 가르침이 작용했다는 사실을 알 수 있다. 이러한 점은 권기일만이 아니라, 안동문화권의 전반적인 흐름을 말해주는 것이기도 하다. 1910년대 중후반에 서간도 지역에 안동문화권 인물들의 이동이 이어진 사실도 그러한 정황을 말해준다. 둘째, 그의 본격적인 망명준비는 1911년 여름에 시작되었을 것이라는 점이다. 동생들의 이름을 족보에 올릴 항렬에 맞추고 개명사실을 신고한 점이나, 이사도 하지 않은 채 주소지를 선산군으로 옮겨 신고한 것도 모두 망명준비와 관련이 있을 것으로 짐

작된다. 끝으로 주소지를 옮긴 뒤 3월 10일 망명지로 출발할 때까지 80일 동안 비밀리에 전격적으로 준비 작업이 이루어진 사실도 헤아릴 수 있다. 그 준비에는 토지 매각을 통한 자금 준비가 핵심이었을 것이고, 그렇기 때문에 3천 석 수곡을 자랑하던 집안이 빈털터리로 변하는 아픔을 맞게 된 것이다.

그의 망명길에는 조부를 제외한 가족 모두가 함께 나섰다. 자신과 아내 김씨, 만 두 살배기 딸 귀향(1910~?), 새 어머니 윤대승尹大升, 이복형제 혁룡(기종; 1890~?)과 제수 이오미李五美(전주이씨, 이춘재李春梓의 딸, 1892~?), 혁기(기영; 1893~?)와 제수 이동춘李東春(1894~?, 합천이씨, 이하규李夏圭의 딸), 기봉奇峰(영수英秀·경학景鶴, 1902~?) 등 모두 9명이 나섰던 것이다. 언제 어떻게 돌아올지 알 수 없었다. 실제로 권기일 자신도 그곳에서 순국하게 되지만, 새 어머니도 길림성吉林省 빈강현濱江縣 신전新甸(현재 흑룡강성黑龍江省 빈현賓縣 신전新甸)에서 사망하게 된다.

그들이 어떤 길을 택하여 북상했는지 알려지지 않는다. 안동인들이 대부분 경부선 철도가 놓인 김천이나 추풍령까지 걷거나 수레를 타고 가서, 기차로 신의주까지 이동하고, 그곳에서 얼음 덮인 압록강을 걸어서 건너가는 행로를 택하였으므로, 그의 가족들도 마찬가지였을 것이다.

동북 3성 지도

독립군 양성과 동포사회 운영

 만주에 도착한 권기일 가족은 길림성 통화현通化縣 합니하哈泥河에 발걸음을 멈추었다. 이미 1년 앞서 이상룡을 비롯한 안동출신 선배들이 터를 잡은 지역은 유하현柳河縣 삼원포三源浦 대고산大孤山 자락과 그 언저리였다. 이상룡이 머물던 추가가鄒家街와 내앞마을 출신 김대락金大洛이 살던 이도구二道溝라는 마을이 그렇고, 삼원포에서 남쪽으로 십 리 떨어진 김동삼 가족들이 살던 만리구萬里溝가 그런 곳에 속한다. 나머지 안동 사람들도 삼원포를 중심으로 주변 가까운 마을에 흩어져 터를 잡았다. 김동삼의 맏며느리 이해동은 삼원포를 삼합포라고 기억했다. 물줄기 셋이 하나로 합쳐지는 곳이기 때문에 나온 말일 터, 삼원포나 삼합포나 같은 뜻이다. 그녀가 그렇게 기억하고 있다는 사실이 당시 그런 이름으로 불렸다는 것을 전해준다. 광개토대왕비가 있는 집안에서 북으로 오녀산성이 있는 산맥을 넘어 통화에 이르고, 삼원포가 있는 유하를 거쳐 다시 북상하면 길림으로 향한다. 안동 사람들은 특히 통화와 유하에 발을 붙였다.

 이곳에서 두 가지 조직이 결성되었다. 하나는 동포들의 안착과 농업 생산을 통해 한인사회를 일구어 나가기 위한 경학사耕學社였고,

다른 하나는 청년들을 길러내기 위한 신흥강습소新興講習所였다. 경학사는 독립군 기지의 기초조직이고, 신흥강습소는 망명 주목적인 군대 양성기관인 셈이다.

독립군 기지를 건설하자면, 무엇보다 먼저 동포들을 모아야 했다. 그곳에 가면 먹고 살 수 있다는 소문이 퍼져야 동포들이 모여들게 되어 있다. 꽃이 있어야 나비와 벌이 날아드는 법이다. 그렇다면 우선 농토를 확보하고, 안정된 사회를 꾸리며, 학교도 열어야 했다. 그런 노력이 바로 경학사요, 신흥강습소였다. 그러나 첫 해에 흉년으로 꺾이게 되자, 살아가는 모습이 상거지 꼴로 변하고 말았다. 고향으로 사람을 보내 남은 땅을 급하게 팔아 자금을 마련해 왔다. 그런 고통을 견뎌내면서 차츰 안정을 찾아가고, 그 소식에 동포들이 하나 둘 모여들기 시작했다.[12]

여기에 안동 사람들의 구실과 위상이 우뚝했다. 이상룡은 경학사 초대 사장이 되고, 류인식이 교육부장, 김동삼이 조직과 선전을 각각 맡았다. 서울에서 온 이회영이 내무부장, 이동녕이 재무부장, 장유순이 농무부장을 각각 맡았다. 그러니 신민회의 독립군 기지건설에 안동출신 인사들이 핵심적인 위치에 있었다고 말하는 것이 지나치지 않음을 알 수 있다.

[12] 김희곤, 『만주벌 호랑이 김동삼』, 지식산업사, 2009, 65-66쪽.

신흥강습소는 군대를 길러내는 조직이다. 학교 이름에 대해서는 신흥강습소로부터 신흥학교·신흥중학교·신흥무관학교 등 다양하게 알려진다. 중국 봉천성 당국이 지정한 교과서를 사용한다는 뜻에서 다른 학교와 구별하기 위해 신흥중학교라고 사용하기도 했을 것이다. 그런데 실제 독립운동가들이나 군사과에 다닌 학생들은 이 학교를 신흥무관학교라고 불렀다. 이회영의 아내 이은숙도 회고록에 '무관학교'라고 적었고, 졸업생 원병상은 자신을 무관학교 본과 3기생으로 기록했다. 양기탁이 안창호에게 보낸 서신에서는 '병학교兵學校'라고 적었다. 이를 보면 학교 이름이 혼용되더라도 이것이 곧 독립군을 양성하는 군관학교였음을 쉽게 알 수 있다. 더구나 "칼춤 추고 말을 달려 몸을 단련코/ 새로운 지식 높은 인격 정신을 길러"라는 구절은 이 학교의 성격을 말해준다.[13] 또 이상룡이 남긴 시 「만주기사滿洲紀事」에도 '비호보다 날랜 군사 오륙백 명'을 양성했다고 기록되었다.

추가가에서 결사하니 충심은 굳고	鄒街結社衷心堅
밭 갈고 배우는 일 취지 모두 완전했네	耕學雙方趣旨全
모든 정신 신흥학교에 쏟아 부어	精神盡注新興塾
양성한 군사 비호보다 날랜 오륙백	養得犺猰過半千[14]

13_ 김희곤, 『만주벌 호랑이 김동삼』, 지식산업사, 2009, 66쪽.
14_ 안동독립운동기념관 편, 『국역 石洲遺稿』상, 경인문화사, 2008, 215쪽.

이처럼 군대를 기르는 무관학교이지만, 대외적으로 그러한 이름을 마음대로 사용할 수는 없는 사정이었다. 중국 영토 안에 한국인들이 꾸려나가는 무관학교가 존재한다는 사실은 일본이 트집 삼아 문제를 일으킬 수 있는 대사건이기 때문이다. 그래서 무관학교라는 말은 대외적으로 결코 사용하지 않고, 신흥강습소라는 명칭을 공식적으로 사용한 점은 확실하다. 그러면서도 그 목적이 군대를 길러내는 것이었으므로, 동포사회에서는 자연스럽게 신흥무관학교라 불린 것 같다. 그러다가 1919년 3·1운동 이후 공식적으로 신흥무관학교라는 이름이 사용되었다.[15] 그런데 지독한 흉년이 들어 터전 자체가 흔들리자, 신흥강습소는 추가가에 소학교를 두고 1912년 통화현 합니하로 이동하여 중등학교를 열었다. 1912년 7월 합니하에 새로운 교사가 신축되어 낙성식을 갖게 된 것이다. 바로 이곳에 권기일 가족이 도착하였다.

　권기일이 합니하에 도착할 무렵은 이 지역에 망명한 인사들이 흉년으로 몹시 고생하고 있던 때였다. 경학사를 결성하여 '경학'이란 뜻 그대로 경작하면서 배우는 사업의 중심체 구실을 맡으려 하였지만, 흉년이 들어 그럴 수 없었다. 그리하여 합니하로 옮겨 새로운 경작지를 찾고, 또 중등과정과 군사양성 목적으로 신흥학교를 만들어가고 있었다. 이 무렵에 권기일이 도착했으

---

[15] 서중석, 『신흥무관학교와 망명자들』, 역사비평사, 2001, 114쪽.

니, 그가 준비해 간 자금은 매우 요긴하게 쓰였을 것이다. 그리고 그도 새로운 근거지를 마련하는 작업에 참여하게 되었을 터이다.

그가 맡은 일 가운데 가장 대표적인 것이 동포사회를 유지하는 것이었다. 독립군 기지를 건설하기 위해서는 무엇보다 안정된 동포사회가 먼저 만들어져야 했다. 동포사회가 형성되어야만 독립군을 양성하고 유지할 수 있었다. 그래서 앞서 간 안동 선배들은 자신만의 망명에 머물지 않고 동포들이 모이도록 동포들에게 권고하는 운동을 펼쳤다. 조선총독부 경북경찰부(지금의 경북지방경찰청)가 1934년에 출판한 『고등경찰요사高等警察要史』에는 김형식·김정식·이봉희·이준형·김규식 등 십여 명의 치열한 활동이 경북 북부지역에서 많은 동포로 하여금 만주지역으로 이주하는 원인이 되었고, 그 결과 1911년에 2천 5백여 명을 이주시켰다고 기록할 정도였다. 또 1920년대 말에 들어서는 이 지역 이주 동포가 2만 5천 명이나 되었다는 사실도 그들의 노력과 정성이 얼마나 대단하였는지를 보여준다.

권기일 가족들이 이곳으로 옮겨간 이유가 바로 안동에서 먼저 도착한 선배들이 터를 잡고 있었기 때문이듯이, 이제 그도 자리를 잡고 농사를 지어 수확하면서 텃밭을 만들어 가는 일에 매달렸다. 그런 일이 바로 독립군 기지를 건설하는 필수적인 과정이었기 때문이다.

권기일은 토지를 마련하고 농사짓는 일만이 아니라, 교육 활동에도 힘을 쏟았다. 교육회敎育會 일을 맡아보았다는 사실이 이를 말해준다. 교육회는 1912년에 이상룡과 여준呂準이 앞장서서 만든 조직이다. 서간도지역 동포들의 자녀들을 민족적인 인물로 길러내는 데 필요한 정책을 만들고 교과서를 마련하는 등 활동이 자못 활발했다.

七名ニ達セリ又一方盈德、浦項、慶州、永川各地ニモ前同樣ノ影響ニ依リテ移住熱勃興シ殊ニ明治四十四年二月當時大韓協會安東支會長タリシ李相龍及安東郡川前洞有力兩班金大洛カ時局ニ慨シ家族ヲ率ヒテ西間島ニ移居スルヤ西間島方面ニ於ケル移住不振ノ徒聲中ニ首領ノ地位ヲ占ムルト共ニ安東、寧海方面排日鮮人ノ移住ヲ誘引セルヨリ朴慶鍾(寧海)金衡植、金政植、李鳳羲、李瀋衡、金圭穆(以上安東)等十數名ノ熾烈ナル排日鮮人相亞テ彼地ニ出奔シ以テ彼地ニ慇尙道派中心ノ一大勢力ヲ築キ一方彼等ノ本籍地附近部民ヲ移住ヲ誘引セルヨリ漸次道內各郡ニ傳播シ明治四十四年中ニ移住者八二千五百餘名ニ達シ爾來年々增加ノ趨勢ヲ持シタルカ其ノ反面ニ於テ移住後ノ生活豫期ニ反シテ歸還スルモノモ亦增加スルニ至リ現在々々住者二萬五千人內外ナルヘシト認メラル
今試ニ大正八年以降ニ於ケル國外移住及歸還者ヲ表示スレハ別表ノ如シ

第二節　滿洲及西比利亞方面ニ
於ケル朝鮮人

一、治安ノ狀況

在外朝鮮人ノ動靜中不過鮮人ノ蠢動狀況ニ關シテハ別項ニ之ヲ記述スル處アルヘキカ以下本項ニ於テハ彼等所謂不逞鮮人ノ橫行ニ依リ滿洲、西比利亞在住朝鮮人ノ蒙ル影響及支那官憲ノ之ニ對スル處置ノ狀況等ニ付略記セムトス

『고등경찰요사』

권기일은 여기에 참가하였다. 그러한 정황은 뒷날 아들 형순이 "아버지가 학도감學徒監을 지내고 경리와 재무를 맡아보았다"고 전하는 글에서 짐작할 수 있다.[16] 특히 권기일의 부인이 남긴 말 가운데, "너희 아버지 도장을 잘 간직해라. 이것만 갖고 있어도 뒷날 옛날 일을 증명해 줄 일이 생길 것이다"라는 구절이 있었다. 1958년까지 살았던 권기일의 부인은 아들과 손자에게 늘 그러한 말을 뱉었고, 이러한 사실을 손자도 생생하게 기억하고 있다.[17] 그의 아내가 남긴 말은 권기일이 한족회나 교육회 등 독립운동의 주요한 사업에 경리와 재무를 맡았을 것이라는 짐작을 가능하게 만든다.

그리고 당시 자주 만난 인물로 이상룡·이청천李青天·윤세복尹世復·김창환金昌煥·윤기섭尹琦燮·최명수崔明洙 등이 있었다고 아들은 전한다.[18] 이후 남만주 사회를 이끌어 나가는 조직으로 1916년에 부민단扶民團이 결성되었는데, 추산 역시 이 단체에 참가한 것으로 짐작된다. 물론 그 사실을 말해주는 직접적인 자료는 없지만, 그가 1917년까지 계속해서 합니하에 머문 것으로 판단되고, 더구나 부민단의 조직이 그대로 한족회로 이어졌기 때문이기도 하다.

1917년은 권기일에게 희비가 엇

16_ 권형순, 「선부군유사先府君遺事」, 1950.
17_ 손자 권대용의 증언.
18_ 권형순, 「선부군유사先府君遺事」, 1950. 이 자료에 나오는 尹始馥·金贊煥·尹基燮은 尹世復·金昌煥·尹琦燮의 잘못이다.

권기일 도장

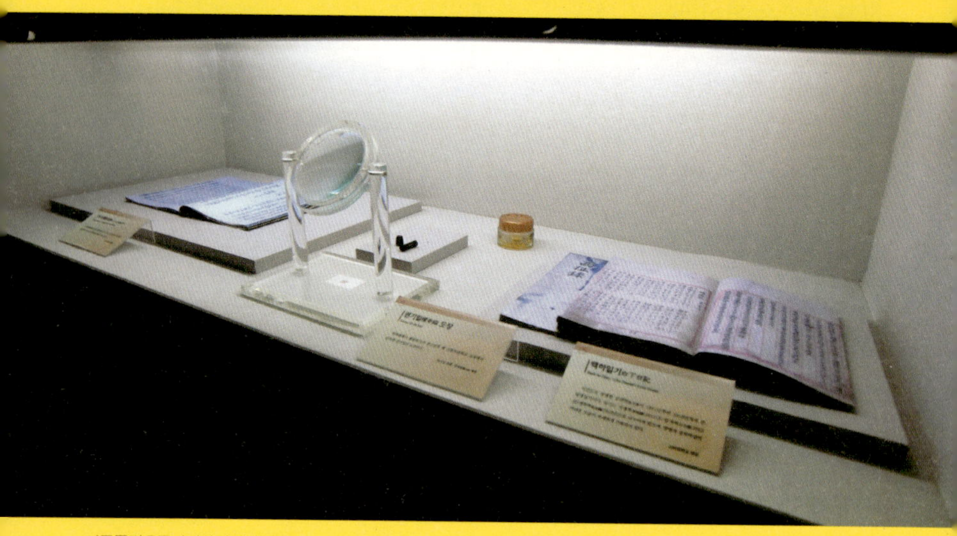

안동독립운동기념관에 전시된 모습

순국지사 권기일과 후손의 고난

갈리는 해였다. 12월 17일에 아들 형순을 얻어 문중의 차종손을 얻는 기쁜 일이 생긴 것이고, 역시 같은 달에 그가 일본 경찰에 붙잡히는 슬픈 일이 함께 터졌기 때문이다. 형순은 1917년 12월 17일 길림성吉林省 빈강현濱江縣 신전新甸에서 태어났다고 호적에 적혀 있다. 빈강현은 첫 망명지역 보다는 북쪽으로 상당히 올라가 있는, 하얼빈의 동쪽에 있는 지방이다. 신전은 송화강을 끼고 있는 강변 지역이다. 그런데 빈강현은 1932년에 만주국滿洲國이 세워지면서 빈강성濱江省이 되었다가, 광복 뒤에는 흑룡강성黑龍江省 빈현賓縣으로 바뀌었다.

그렇다면 권기일은 당시 하얼빈 동쪽 송화강변에 있는 오늘날 흑룡강성 빈현 신전에 머물렀다는 말인가. 그렇지는 않을 것 같다. 앞뒤 정황을 따져보자. 그는 아들이 태어나던 1917년 12월에 해룡현海龍縣 주재 일본영사관 경찰에 붙잡혀 무지하게 고생하다가, 다음해 3월에 탈출하게 된다.[19] 그런데 이곳과 빈강현 신전은 그 거리가 너무나 멀다. 이러한 의문은 다음에 이야기하게 될 그의 순국 장소와도 얽힌 문제이다.

호적 기록에 의문이 생긴다. 호적은 그의 아내 김씨와 아들 형순이 1936년에 신고한 것이다. 순국한 지 16년이나 지나 신고하면서, 출생지역만이 아니라 권기일의 순국

[19] 권형순, 「선부군유사先府君遺事」, 1950.

권기일 가족이 1920년대 이후 거주하였던 흑룡강성 빈현과 길림성 해룡현

장소마저도 빈강현 신전이라 말했던 것이다. 그곳은 앞에서도 말한 것처럼, 아들 형순이 1928년에 다시 만주로 간 뒤 살았던 곳이다. 그렇다면 아내가 남편이 독립운동을 펼친 근거지이자 일본군에 의해 처참하게 살해당한 그 장소를 곧이곧대로 신고하지 않았다는 말이 된다. 일제강점기에 호적을 신고하면서 독립운동가의 후예라는 사실을 숨기는 것이야 당연한 일이었다. 그런 처지에서 출생지나 생활근거지를 독립운동의 핵심지역인 통화현 합니하라고 밝힐 수는 없었을 것이다. 그러므로 그곳에서 아주 북쪽으로 먼 지역을, 그것도 1920년대 이후 권기일의 형제 가족들이 실제로 거주하고 있고, 또 형순이 다시 만주로 가서 살고 있던 지역을 신고한다는 것은 매우 당연한 일이었다.

결국 권기일이 활동하던 시절에 그가 하얼빈 근처까지 북상한 것이 아니라, 서간도 일대에 머물렀다는 말이 된다. 실제로 김동삼을 비롯한 독립운동가들의 가족들도 권기일이 참살되던 그 해부터 북상하였던 것이다. 그러니 권기일이 1910년대 후반에 서간도 일대, 부민단의 중심지인 통화현 합니하에 계속 머물렀다고 보는 것이 올바른 판단일 것이다. 특히 "국내에서 통화현으로 들어오는 독립운동자금을 받으러 나갔다가 일본관헌에게 붙들려 들볶이다가 이듬해 3월에

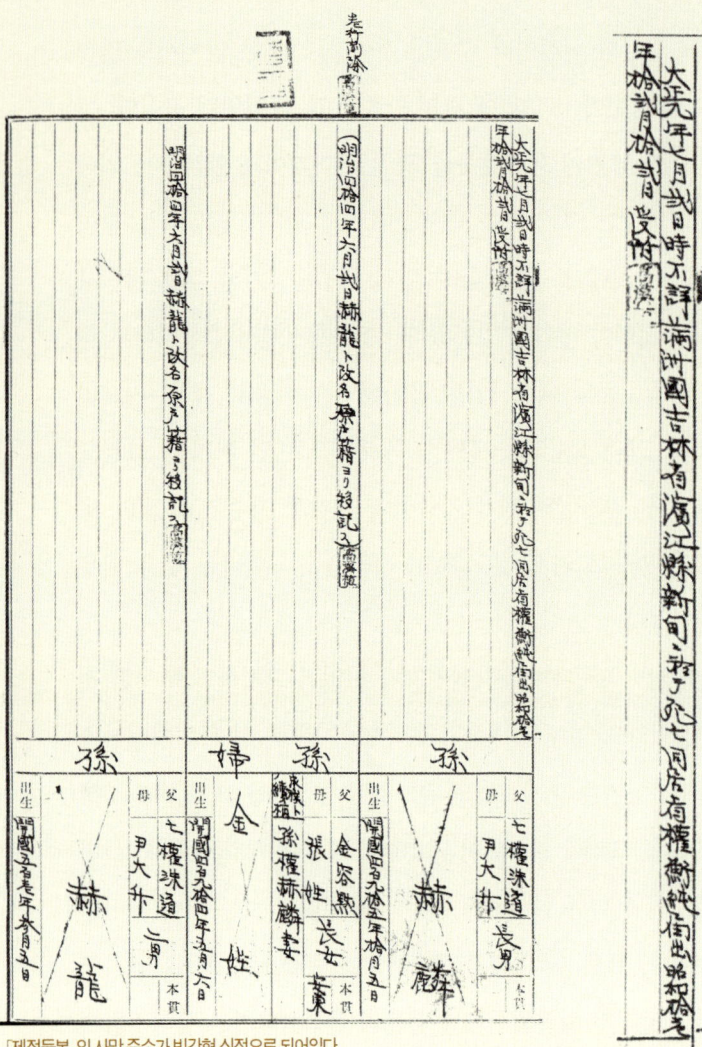

「제적등본」의 사망 주소가 빈강현 신전으로 되어있다.

용케 탈출에 성공했다는 이야기는 당시 부친과 같이 만주에 있던 삼촌에게 들어 알고 있다"는 아들 형순의 증언은 권기일이 국경에서 가까운 통화현에 머물고 있었음을 말해주는 장면이 아닐 수 없다.[20]

당시 탈출 날짜에 대해 아들은 1918년 3월 29일이라 전한다. 이 회고는 또한 당시 권기일이 맡고 있던 직무가 자금 인수라는 사실을 전해주기도 한다. 한편 그가 정치외교위원으로 활약하다가 체포되었다는 기록도 있다.[21] 만주에서 직접 활약했던 김승학이 자료를 수집하여 정리한 기록이라는 점을 헤아린다면, 권기일의 활약이 폭넓은 것이라 생각된다. 대개 이 시기의 성격으로 보아, 그의 활동이 부민단 소속으로 펼쳐진 것이 아닌가 짐작된다. 그러므로 다시 말하면, 그가 1916년부터 1919년, 즉 한족회가 결성되기 전까지 동포사회의 중심축이던 부민단의 재정을 담당하고 외교를 담당한 것이라고 정리된다.

그 뒤로 권기일이 맡은 임무 가운데 당시 기록으로 정확하게 전해지는 것은 "한족회韓族會 구정區正, 교육회 위원委員"이다.[22] 여기에다가 그의 아들 형순은 자기 아버지가 백가장百家長을 거쳐 천가장千家長을 맡았다고 전한다. 일단 이를 통해 그의 활동이 독립운동의 기

[20] 권중현, 「간장장수 권형순씨」, 《신동아》 1969년 8월호, 283쪽.
[21] 김승학, 『한국독립사』 하, 독립문화사, 1971, 81쪽.
[22] 독립운동사편찬위원회, 『독립운동사자료집』 7, 1973, 1324쪽.

반이 되는 동포사회의 운영에 초점을 맞추고 있었음을 알 수 있다.
경학사와 부민단을 거쳐 서간도 지역을 이끌어 가는 한인사회의 운영체는 한족회였다. 즉 1919년에 들어 서간도 지역을 중심으로 남만주 일대에 새로운 조직인 한족회가 결성되자, 추산도 여기에 참가하여 활동했던 것이다. 한족회는 3·1운동의 바람이 만주지역을 휩쓰는 가운데 결성된 것으로, 4월 초순에 앞서부터 존재했던 부민단·자신계自新契·교육회 등을 중심으로 유하현·통화현·환인현·집안현·임강현·해룡현 등 각 현의 지도자가 모여 만든 대규모의 한인 독립운동조직체였다. 한족회는 지역별 책임자로 총관總管이나 검독檢督을 두고 지방자치를 관장하였으며, 청년들을 모아 속성으로 군사훈련을 펼쳐 나갔다.[23] 비록 중국 영토 안에서 움직였지만, 독립운동가들이 자치정부 구실을 해내고 있었다는 말이다.

　권기일은 한족회 가운데서도 중앙총부에서 움직였다. 유하현 삼원포 시가지의 남쪽 끝 지점에 중앙총부가 설치되었고, 최고책임자로 군정부의 참모장인 이탁李沰이 임명되었다. 자료에 보이는 당시 중앙총부의 조직과 구성원을 보면 다음의 두 가지가 있다.

---

[23]_ 이상룡, 『석주유고石洲遺稿』, 「행장行狀」.

〈한족회 간부 명단〉

회 장會 長	이 탁李 沰
서무사장庶務司長	김종훈金宗勳
사판사장査判司長	이진산李震山
학무사장學務司長	김형식金衡植
재무사장財務司長	남정섭南廷燮
상무사장商務司長	김정제金定濟
군무사장軍務司長	양규열梁圭烈
내무사장內務司長	곽 문郭 文
검사감檢 查 監	최명수崔明洙[24]
정무총장政務總長	이 탁李 沰
서무사장庶務司長	김동삼金東三
외무사장外務司長	양규열梁圭烈
법무사장法務司長	이진산李震山
검찰사장檢察司長	최명수崔明洙
학무사장學務司長	윤기섭尹琦燮, 뒤에 김형식金衡植
재무사장財務司長	안동원安東源[25]

이 자료에 나타나는 인물들 가운데 김종훈이나 김동삼, 그리고 김형식은 모두 안동 천전川前, 곧 내앞마을 출신이면서, 아울러 협동학교 관련자들이다. 그러므로 추산도 이들과 함께 한족회를 중심으로 활동하고 있었다. 특히 아들 형순이 아버지의 활동 영역으로 '중앙청'이라고 표현한 점으로 볼 때, 그것이 한족회의 중앙총부, 혹은 군정부나 서로군정서西路軍政署 본부라는 점을 헤아릴 수 있다.

[24] 국회도서관, 『한국민족운동사료』 3·1운동편 3, 1979, 806쪽.
[25] 김승학, 『한국독립사』 상, 독립문화사 1970, 349쪽.

한족회는 만주일대의 각 지방을 체계적으로 나누어 지방자치를 펼쳤다. 다시 말하자면 민정民政을 펼치는 행정부의 기능을 맡고 있었다는 말이 된다. 여기에 비해 군정軍政 기능은 서로군정서가 맡았다. 그가 이 한족회에서 구정區正을 담당했다고 기록되어 있으니, 민정 분야를 맡았다는 사실을 확인할 수 있다.

그렇다면 우선 한족회의 조직을 볼 필요가 있겠다. 한족회의 기본조직은 본부에다가 1천 호에 천가장千家長, 1백 호에 백가장百家長, 10호에 십실장十室長을 두었다. 이와 달리 지방조직을 별도로 두기도 했다. 즉 유하현의 경우에는 네 개의 구區로 나뉘고, 그 아래에 25~26분구分區를 두었다. 한 개의 구에 6개 정도의 분구를 두었다는 말이다. 그리고 각 구에 단총리團總理 1명, 검찰장檢察長 1명, 검찰檢察 2~4명, 백가장 1명, 소분구小分區에 통수統首 1명을 두었고,[26] 그 밖의 지방에는 구정區正·구의사원區議事員·교섭원交涉員·의사부장議事部長·지방검독地方檢督·서기書記·구검찰區檢察·구도검찰區都檢察·지방서기地方書記 등을 두기도 했다.[27] 이 가운데 권기일이 맡은 구정區正이 어느 정도의 위치인지를 알려주는 정확한 자료는 없다. 그가 백

---

[26]_ 金正明, 『朝鮮獨立運動』 II, 原書房:東京, 1967, 873쪽.
[27]_ 金正明, 『朝鮮獨立運動』 II, 原書房:東京, 1967, 289-290쪽.

가장을 거쳐 천가장을 맡았다는 아들 형순의 「선부군유사」 기록에다가, 천가장을 맡았다는 다른 기록도 전해진다.[28] 그렇다면 백가장 시절에는 구區의 대표 정도를, 천가장 시절에는 현縣의 지방자치 행정 기능을 맡은 것이 아닐까 짐작한다.

권기일이 한족회 구정과 교육회 위원의 신분이었다는 기록은 이상룡이 대한민국 임시정부에 보낸 보고서에 나타난다. 뒤에 자세하게 살펴볼 예정인데, 이 보고서는 1920년 4월부터 1921년 2월 사이에 일본군에 의해 피살된 34명의 명단을 대한민국 임시정부에 알린 것이다. 그 가운데 구정은 6명이 들어 있다. 그런데 만주에서 활약했던 김승학은 권기일이 한족회의 총관이었다고 기록하였다. 이러한 점들로 미루어본다면, 추산은 서간도를 중심으로 하는 만주지역에서 한족회와 교육회라는 조직의 지역대표였고, 서로군정서라는 군정기관보다는 민정기관 활동에 중점을 둔 인물로 판단된다.

28_ 김승학, 앞의 책 하, 81쪽.

신흥무관학교에서 일본군 공격받아 순국하다

　권기일이 순국한 날짜가 1920년 음력 7월 2일인데, 이는 양력으로 8월 15일이다. 25년 뒤 이 날에 광복을 맞게 되니, 참으로 우연치고는 기묘하다. 순국하던 장면은 "관계하던 한교韓僑의 무관학교武官學校에서 일군日軍의 습격을 받고 살해되었다"고 전해진다. 즉 "통화현 합니하의 무관학교에 있다가 학교를 포위한 일본군에게 잡혀 수수밭으로 끌려 나가 전신이 총검에 찔려 절명했다"는 것인데, 아들 형순이 삼촌으로부터 들은 이야기라고 회고하였다.[29] 지금도 무관학교 터와 그 주변은 온통 수수와 옥수수 밭이다.

　그런데 앞에서도 본 것처럼, 제적등본에는 그의 사망 장소가 '만주국滿洲國 빈강현濱江縣 신전新甸'이라 적혀 있다. 그의 아내에 의해 1936년 12월에 신고된 것인데, 뒷날 신고하면서 독립운동 관련성을 은폐하기 위해 다른 지역 주소를 말한 것으로 여겨진다.

　그가 순국한 신흥무관학교는 통화현通化縣 합니하에 있던 분교였다. 신흥무관학교는 3·1운동 이후 크게 변화하는데, 본교를 고산자孤山子 부근으로 옮기고, 합니하에는 분교를 두었으며, 그 뒤에 다시 통화현 칠도구七道溝에도 분교

[29] 권중현, 「간장장수 권형순씨」, 《신동아》 1969년 8월호, 283-284쪽.

를 두게 된 것이다.[30] 이 가운데 그가 순국한 장소는 합니하의 신흥무관학교 옆 수수밭이다.

순국하던 1920년 8월은 봉오동전투와 청산리전투의 중간 무렵이다. 그러니 봉오동전투에서 패한 것을 만회하기 위해 침공을 계획한 일본군이 보복과 강도 높은 공격을 준비하는 과정에서 독립군의 바탕인 한인 동포사회를 공격한 것인데, 바로 그 과정에서 지역 책임자인 추산이 살해된 것이다.

일본군의 서간도 지방에 대한 공격은 이보다 앞서부터 있었다. 즉 5월 31일에 유하현 삼원포가 일본군의 습격을 받아 소년부터 노년에 이르는 남자 3백여 명이 잡혀가서 혹형을 당하는 비극이 벌어졌던 것이다. 이처럼 서간도 지역이 먼저 피해를 입은 이유는 현지 중국 관리가 북간도 지역에 비해 일본측 요구를 잘 들어주었기 때문이다.[31]

이제 어떻게 해서 권기일이 일본군에게 살해당하고, 또 어떤 이유로 이상룡이 그의 이름이 든 명단을 대한민국 임시정부에 보냈는지에 대해 살펴보자. 3·1독립선언 이후 신흥무관학교에서 길러진 독립군들은 국내진공작전을 계획하거나 일부는 국내로 진입작전을 펼치기도 하였다. 그런데

[30] 서중석, 「후기 신흥무관학교」, 『역사학보』169, 2001, 89쪽.
[31] 독립운동사편찬위원회, 『독립운동사』5, 1973, 401쪽.

통화현 합니하 신흥무관학교가 있던 곳

신흥무관학교에서 일본군 공격받아 순국하다

한국에 주둔하던 일본군은 그 독립군들을 공격하기 위해 1920년 4월부터 면밀한 작전을 짜고 있었다. 마침 국제 간섭군으로 연해주를 강점하고 있던 일본군이 철수하고 있었다. 이들이 그냥 철수하는 것이 아니라, 만주지역 독립군을 공격하여 무력화시킨다는 계획을 세웠다. 그러자면 독립군의 바탕이 되는 동포사회를 파괴하고 무너뜨리는 일이 생길 것이 뻔했다. 일본군은 독립군을 공격하고 나섰다. 그런데 일본군의 예상과는 너무나 다르게 1920년 6월에 펼쳐진 봉오동전투와 10월의 청산리전투에서 독립군이 대승을 거두게 되었다. 그러자 일본군은 서북간도 지역에 대한 대대적인 공격에 나섰다. 독립군이 아닌 비무장의 동포사회를 휩쓸어 버린 것이다. 엄청나게 많은 동포들이 살해되었다. 이를 경신년庚申年(1920)에 벌어진 참변이라 하여, '경신참변庚申慘變'이라 일컫는다. 권기일의 순국은 본격적인 '경신참변'이 있기 전, 그 서막에 해당하는 참극이었다.

서간도 일대의 독립운동세력은 1920년 5월에 '중·일합동수색대'가 편성되어 활동을 시작함에 따라 최대의 위기를 맞았다. 조선총독부 아카이케[赤池] 경무국장이 봉천(심양)을 방문하여 동삼성東三省 순열사巡閱使 장작림張作霖을 만났다. 그 자리에서 두 사람은 봉천성과 간도지역의 한국 독립운동가를 검거한다는 데 합의하였다. '중·일합동수색대'라는 조직이 여기에서 만들어진 것이다.

중·일합동수색대는 여러 조직으로 나뉘어 서간도 일대를 샅샅이 누비기 시작하였다. 독립군의 근거지와 이를 뒷받침하고 있던 동포사회가 타격 목표였다. 중·일합동수색대 가운데 봉천독군奉天督軍 고문顧問을 맡고 있던 사카모토[坂本]가 이끄는 부대는 5월 15일부터 8월 18일 사이에 안동·관전·환인·통화·집안·임강·장백 등을 휘젓고 다녔다. 이들 손에 한국 독립운동가 277명이 붙잡히고 8명이 죽임을 당했다.[32] 핵심인물 가운데 피하지 못한 사람들 대부분이 희생되고 말았던 것이다. 그런데 권기일이 순국한 날짜가 8월 15일이다. 그렇다면 바로 이 8명의 순국자 속에 그가 포함된 것이 아닐까. 합니하 신흥무관학교 자리에서 피살되었다니, 사카모토가 앞장선 중·일합동수색대의 손에 그가 목숨을 잃은 것으로 보는 것이 옳겠다.

그의 순국은 불행한 사건이었다. 하지만 불행 가운데서도 다행인 점은 그 사실이 대한민국 임시정부의 서류를 통해 지금까지 알려지고 있다는 사실이다. 이 문건은 '간서군정서墾西軍政署 독판督辦 이계원李啓源'의 이름으로 대한민국 임시정부에 보고된 것이다. 여기에 등장하는 간서군정서는 서로군정서요, 최고 지도자인 독판은 이상룡이었다. 그런데 그의 다

32_「조선총독부기록 1254호」, 『한국독립운동사』3, 1967, 664쪽.

른 이름이 이계원李啓元이니,[33] 여기에 나오는 이계원李啓源과 같은 인물임을 알 수 있다. 이 서류의 제목이 "대한민국大韓民國 2년 4월 이후 동同 3년 2월 16일까지 일본군경에 의해 사살된 자의 이름"이다. 대한민국 1년은 1919년, 곧 대한민국이 건국되고 임시정부가 출범한 그 해를 말한다. 따라서 이 보고서는 대한민국 2년인 1920년 4월부터 대한민국 3년인 1921년 2월까지 희생된 이름을 담은 것이다. 대한민국 임시정부에 속한 서로군정서의 대표 이상룡이 순국자의 이름과 소속을 작성하여 정부에 보고한 것이다. 바로 그 서류에 권기일의 이름과 소속이 들어 있다. 그 명단을 보면 다음과 같다.

[33] 조선총독부 경북경찰부, 『高等警察要史』, 1934, 209쪽.

〈순국자 명단〉

씨 명	약 력
함병현咸炳鉉	韓族會 興地方總管, 興東 혹은 興京지방인 듯 - ; 필자주
권기일權奇鎰	교육회 위원, 한족회 區正
신중화辛仲華	早大 출신, 한족회 常法課長
김헌림金憲林	日新學校 敎師, 야소교회內
안일룡安一龍	한족회 지방검찰
조종녕趙鐘寧	노동강습생
방병걸方炳杰	柳西地方書記
한중건韓重建	한족회 前檢督
윤준태尹俊泰	한족회 區檢察
김동만金東萬	三光小學校長, 金東滿; 필자 주

씨 명	약 력
최시명崔時明	한족회 區正, 日光小學校長
함찬근咸贊根	한족회 區都檢察
박기수朴基秀	노동강습생, 同區청년회 회장
김경서金敬瑞	日光小學校 교사
김기선金基善	培達소학교 학감, 倍達일 듯 -;필자주
이근진李根眞	三成小學校 교감
이순구李淳九	合成小學校 교사
박병하朴秉夏	한족회 統首
김세탁金世鐸	한족회 區正
전준벽田畯闢	한족회 海南地方總管
방사일方仕日	한족회 區議事員及交涉員
안동식安同植	한족회 의사부장, 青年團支團長
방기전方基典	한족회 柳西地方總管
오의순吳義淳	
이시항李時恒	前한족회 檢督
이봉규李鳳圭	한족회 區正, 三成小學校 교감
지하영池霞榮	三成學校學監, 한족회 興東地方書記
임관호林寬浩	한족회 興東地方書記
김도준金道俊	興京地方議事部長
황원후黃元厚	한족회 區正, 永信學校 財務
문신영文信英	한족회 區正
조대원趙大元	涌化崇小學校 교장
오정순吳正淳	
곽무郭武	育英小學校 교장, 柳東地方總管[34]

* 간서군정서墾西軍政署 독판督判 이계원李啓源 보고報告

[34]_ 독립운동사편찬위원회, 『독립운동사자료집』7, 1973, 1324쪽.

『조선민족운동연감』

1_ 순국자 권기일·김동만   2_ 보고자 이계원

이 자료는 몇 가지 새로운 사실을 알려주고 있다. 첫째, 서로군정서가 대한민국 임시정부에 사실들을 보고하고 있었다는 점이다. 서로군정서가 대한민국 임시정부의 산하조직으로 들어간 것은 이미 잘 알려진 사실이다. 다만 이러한 보고 체제에 대해서는 별로 주목하지 못해 왔다. 둘째, 이 기록은 한족회의 지방 조직을 보여주고 있다. 34명 명단과 직책을 보면 지방총관(4명)·지방검독·지방서기 등과 구정·구의사원區議事員 등의 행정직 요원과 교장·교감·교사·강습생 등 교육관련 인물로 구성되어 있다. 이를 통해 보면, 구정이란 몇 개의 현縣을 묶은 것으로 보이는 흥동興東·해남海南·유동柳東·유서지방柳西地方의 총관總管보다는 작은 규모, 즉 현이나 이보다 작은 지역의 대표가 아닌가 생각된다. 셋째, 희생자 가운데에는 권기일과 같은 고향인 안동출신으로 안동 천전川前(내앞마을)의 김동만金東萬(滿이 옳다)이 발견되는데, 그가 바로 일송一松 김동삼金東三의 동생이다. 삼원포의 삼광중학교장이던 김동만이 순국한 날짜는 11월 6일 (음 9월 26일)이었다.[35]

김동만의 순국 과정은 이해동의 회고를 통해 자세하게 알려지고 있다. 이것이 권기일의 경우와 꼭 같지는 않겠지만, 이를 통해 권기일의 경우를 짐작할 수는

---

[35] 이해동, 『만주생활 77년』, 명지출판사, 1990, 49쪽. 김동만의 순국은 이 책에 자세하게 적혀 있다.

있겠다. 김동만의 순국일은 권기일보다 석 달 정도 뒤였다. 시기적으로 보아 청산리전투가 끝난 직후다. 6월 봉오동전투와 10월 청산리전투 사이에 권기일이, 그리고 끝난 뒤에 김동만이 해를 입은 것이다. 청산리전투에서 대승을 거둔 뒤, 일본군 '기마토벌대'가 삼원포 일대를 짓밟고 다니자, 한인 청년들은 산으로 몸을 피했다. 산이라고 해봐야, 넓은 들판 곳곳에 흩어진 작은 산들이다. 하지만 10월 말이면 벌써 눈이 쌓이기 시작하는 만주들판에서 그들이 몸을 숨길 곳은 없었다. 일본군 '기마토벌대'가 지나가고 잠시 어두운 밤을 타고 집에 들렀지만, 어느 틈엔가 나타난 일본군의 습격으로 만리구에 살던 남자들이 40여 명이나 붙잡혔다. 삼원포와 만리구 사이에 있는 왕굴령王屈嶺 고개 밑에서 12명이나 참살을 당했다. 김동만은 그 가운데서도 마지막으로 희생된 인물로 전해진다. 일본군이 그를 총살한 뒤, 다시 칼로 목을 베었지만, 완전히 떨어지지 않아 머리가 덜렁거렸다. 소식을 듣고 달려간 아내는 차마 손을 댈 수도 없었다. 함께 간 노인들이 나서서 이를 수습하였다. 땅이 얼어붙어 파기도 힘든 날, 장례를 치렀다. 김동만의 아내는 오래도록 정신착란 증세를 보여 주변 사람들을 눈물지게 만들었다. 권기일의 순국도 비슷했으리라 짐작한다. 신흥무관학교를 지키고 있던 그를 참살한 장면을 굳이 떠올려 볼 필요도 없다. 어떻게 살해되었는지 알려지지는 않지만, 김동만의 경우와 별반 다르지 않았으리라 짐작한다. 이러한 대규모 학살의 진행에 대해 선교사 Martin S. H, Foote는 "피 젖은 만주땅이 바로 저주받은 인간사의 한 페이지"라고 기록할 정도였다.

권기일의 아내는 더 이상 견뎌내기 힘들었다. 그래서 남편이 순국한 뒤, 아내는 만 세 살 된 아들의 삶마저 위협을 받는다고 생각하고서, 계집아이로 꾸며 귀국하였다. 제적등본을 보면 "1921년 11월 17일 전호주前戶主 사망으로 호주 상속, 1922년 12월 15일 신고"라고 적혀 있다. 얼른 보면 마치 귀국한 뒤 호적을 정리하고, 아들 형순의 출생신고를 마친 것으로 생각할 수 있다. 하지만 자세하게 들여다보면, 그렇지 않다.

호적 기록을 살펴보자. 우선 여기서 말하는 '전호주'는 권기일의 조부 헌봉憲鳳이다. 1911년 12월에 서류상으로 선산군 해평으로 전적해 두고서는, 더 이상 호적부에 진행된 것이 없었다. 그러다가 1922년 호적신고를 통해 사망 사실이 기록되었는데, 그 시점이 1921년 11월이다. 하지만 조부 헌봉이 세상을 떠난 때는 이보다 훨씬 앞선 1914년으로 보인다. 족보에 기록된 갑인년이 바로 1914년인 때문이다. 그런데 '전호주'인 조부가 사망하고, 일찍 세상을 떠난 아들을 이어 손자인 권기일이 호주를 승계해야 하지만, 이미 한 해 앞서 1920년 8월에 신흥무관학교에서 순국해버렸다. 그러니 아무도 이를 정리할 사람이 없다.

1922년 권기일의 아내가 아들 형순을 데리고 잠시 귀국했다. 하지만 어떤 공식적인 일도 보이지 않는다. 다만 이 때가 바로 권기일의 조부 권헌봉이 세상을 떠난 지 8년이나 지났지만, 아직 호적 정리는 이루어지지 않았다. 그러다가 이러한 사실들이 호적이라는 공문서로 다시 정리된 때는 훨씬 뒤인 1936년 12월이다. 만주에서 남편을 잃고, 국내로 몰래 들어온 처지라 이를 공식화시키기도 힘들었을 것이다. 1928년 다시 만주로 갔다가 8년 뒤 다시 잠시 귀국하였다. 호적 정리는 두 번째로 귀국하던 1936년에 가서야 이루어지게 된다.

나중에 이루어진 호적 정리도 그리 쉬운 것이 아니었다. 누락된 내용이 많은 '사고 호적'이니, 이를 정리하자면 법원 판결을 거쳐야 했다. 1936년 9월 18일 대구지방법원 김천지청에서 허가 재판을 거쳐 10월 13일 호적을 고쳐 새로 편제하기에 이른 것이다. 12월에 가서야 비로소 시조부와 남편 사망신고, 그리고 아들 형순의 출생신고를 마쳤다. 자연스럽게 호주를 승계하는 기록도 만들어야 했다. 이미 16년 전의 일이니, 결국 소급하여 정리할 수밖에 없었다. 판결을 거쳐 승인된 사항이다. 전호주, 권규한에서 권헌봉으로, 그리고 권기일을 건너 뛰어 권헌봉의 증손자인 권형순에게로 상속이 되었다.

권기일의 아내 김씨부인이 겪은 고난이야 달리 이야기할 필요도 없겠다. 아들을 데리고 오가고, 뒷일을 정리해야 하는 그로서는 고달픔을 말할 여유도 없었다. 어린 아들 형순을 키우면서 몇 년을 지냈다. 그러면서도 남편의 유골을 만주에 그냥 내버려 둘 수는 없었다. 한 순간도 이를 잊은 적이 없다. 그래서 아들이 만 열 한 살이 되던 1928년 다시 만주로 갔다. 어린 아들과 함께 나선 아내는 막내 시동생 기봉奇峰(영수英秀)과 함께 남편의 순국장소를 찾았다. 임시로 가매장해 둔 남편 유골을 찾아 수습하고서는 신흥무관학교 바로 뒷산 '깨금다리밭'으로 옮겨 묻었다.[36] 앞에서도 잠깐 말했듯이 깨금다리밭이 무슨 뜻인지 확실하지 않다. 경상도 말에 '깨금발로 선다'라는 표현이 있다. 두 발이 아니라, 한 발을 뒤로 치켜들고 다른 한 발로만 선다는 것이다. 밭이 비탈진 곳에 있어 반듯하게 두 발로 서서 농사를 지을 수 없는 경우, 이를 깨금다리밭이라 일컬은 것이 아닌가 짐작된다.

합니하가 돌아가는 언덕 위에 신흥무관학교가 있었고, 바로 뒤에 작은 언덕이 있다. 권기일이 묻힌 곳

[36]_ 권형순, 「선부군유사先府君遺事」, 1950.

이 바로 그 어디쯤이리라 짐작해 본다. 그리고서 이들은 길림성 빈강현濱江縣 신전구新甸溝(현재 흑룡강성 빈현 신전)에 가서 살았다. 이듬해 이들은 그곳에서 이청천을 우연히 만나기도 했던 모양이다. 어떤 일이 있었는지 알 길은 없으나, 아들 형순이 그 사실을 회고하였다.37

 만주로 돌아갔던 아내 김씨부인과 아들 형순이 8년 뒤 1936년 다시 잠시 귀국했다. 이때 호적을 되살려 놓고, 시조부와 남편의 사망 사실을 신고하고, 아들 형순의 출생, 그리고 호주상속을 정리하였다. 뿐만 아니라 호적을 원적지로 환원시키는 일도 마쳤다. 만주로 망명하기 직전에 권기일의 조부가 선산군 해평으로 호적을 옮겨놓았던 것을 다시 안동 원적지로 돌리는 일이었다. 이를 마친 뒤, 아내와 아들은 다시 만주로 떠났다. 아들 형순은 여러 공장을 돌면서 공장노동에 매달렸다. 1941년 형순은 결혼하였다. 울진군 근남면 수곡리 출신 진성이씨 이맹원의 열다섯 살 된 딸 이종숙李宗淑이 그의 아내다. 그러다가 광복을 맞은 뒤에 권기일의 아내 김씨부인과 아들 형순 내외는 고국으로 돌아왔다. 며느리이자 형순의 아내는 만삭의 몸이었다. 돌아오자마자 딸을 얻었으나 불행하게도 그만 잃고 말았다.

| 37_ 권형순,「선부군유사先府君遺事」, 1950.

신흥무관학교 건너편 비탈진 밭

권기일의 며느리 이종숙(앞줄 오른쪽에 두 번째)과 조카들. 만주에서 나오기 직전에 찍은 사진이다.

후손과 문중의 종가 재건 노력

광복 직후 김씨부인과 아들 형순이 돌아와, 일직면—直面 장사리長 沙里의 권오상權五常의 집 아래채에 살았다. 오상은 기일의 숙부요, 형순에게 종조부다. 종손이 돌아왔으나 종택이 없다는 현실은 중요한 문제로 떠올랐다. 1947년 12월 초순에 문중에서 종택을 다시 확보해야 한다는 논의가 나왔다. 문중 어른들이 돈을 모으러 나섰다. 발기인으로 오성五星·오식五植·수룡壽龍·영달英達·혁두赫斗 등 5명이 나서서 「보종기保宗記」, 즉 종가를 마련하기 위한 취지문을 작성하였다. 이를 바탕으로 시작된 모금에서 오성五星이 일천 원을 내놓은 것을 비롯하여 모두 23명이 14,650원을 약속하였다. 물론 모두 수금된 것은 아니라 하더라도, 대부분이 이에 호응하였다.

특히 오운五雲이 5천 원이라는 거금을 내놓았다. 권기일의 아버지 3형제 가운데 막내인 오운은 당숙에게 양자로 출계하였는데, 누구보다도 본가에 대한 관심과 애정을 많이 갖고 있었다. 조카의 순국도 가슴 아픈 일이지만, 종손자從孫子이자 집안의 주손冑孫인 형순이 만주에서 귀국하여 집도 없이 살아가는 모습이 너무나 안쓰럽게 느껴졌을 것이다. 그래서 종가를 지켜나갈 그를 위해 거액을 내놓았다.

보종기

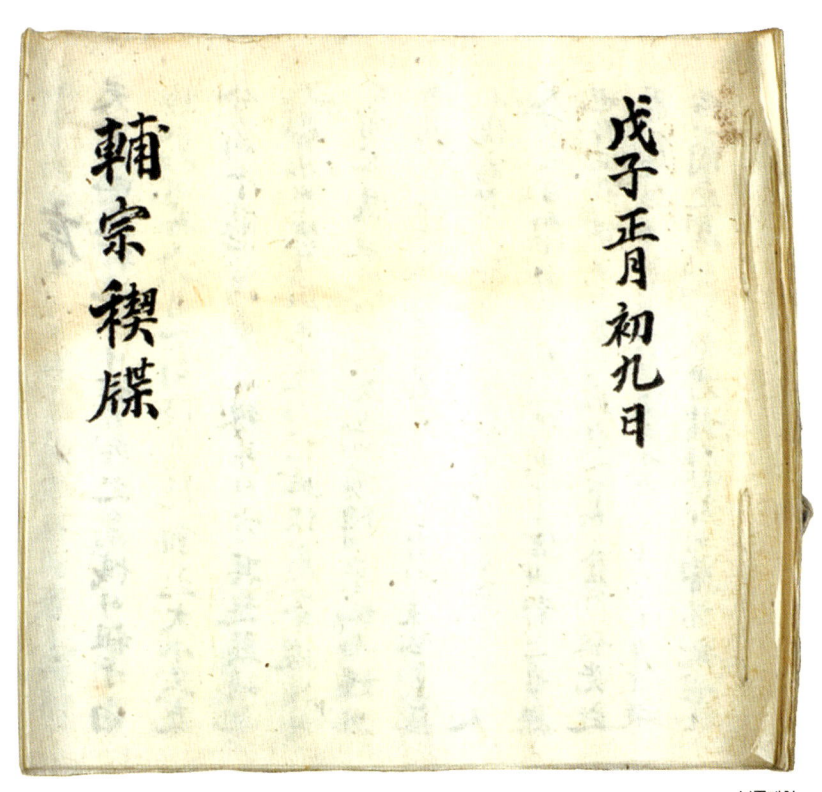

보종계첩

새해, 즉 1948년 정월에 들면서 모금활동은 틀이 잡혀갔다. 앞서 나왔던 「보종기保宗記」보다 훨씬 세련된 취지문이 마련되고, 또 이를 체계적으로 밀고 나가기 위해 조직을 결성하였던 것이다. 그 조직이 바로 1948년 정월 9일에 결성한 '보종계輔宗禊'였다. 「보종계첩輔宗禊牒」을 보면, 발기문에 해당하는 서문序文을 권숙팔權鼎八이 정월 7일에 지었고, 이틀 뒤에 21명의 이름으로 계를 발족하였다. 이것은 한 달 앞서 쓴 「보종기」에 적힌 23명과 약속 금액에서는 큰 차이가 없다. 이러한 모금활동의 결과, 김씨부인과 아들 형순과 그 가족들은 종조부의 아래채를 떠나 바로 이웃으로 독립하게 되었다.

1948년 1월, 결성 당시 보종계원으로 모금에 응한 인물들의 내역을 보면 다음과 같다.

이 름	금액	이 름	금액
권숙팔權鼎八	1,000원	권오인權五寅	300원
권룡석權龍錫	200원	권오원權五源	100원
권헌덕權憲德	300원	권오성權五星	1,000원
권달석權達錫	200원	권오식權五植	1,000원
권규적權奎啇	100원	권오봉權五峯	1,000원
권갑돌權甲乭	500원	권오정權五貞	1,000원
권사돌權士乭	200원	권오창權五昌	300원
권숙도權鼎道	100원	권오택權五宅	1,000원
권오린權五鱗	200원	권영달權英達	300원
권영호權英浩	100원	권수룡權壽龍	1,000원
권오운權五雲	5,000원	합 계	14,900원

이러한 문중의 노력만큼 아들 형순의 노력도 대단했다. 문중의 도움으로 일직면에 조그만 집이라도 마련한 그로서는 이제 본격적으로 부친의 활동을 정리하고 알리는 것이 가장 중요한 과제였다. 그래서 1949년부터 이를 정리하려 애를 썼다. 마침 그 해에 맏아들이자 차종손인 대용大容이 태어나 한층 힘이 났다.

그는 1950년 1월에 「선부군유사先府君遺事」를 썼다. 그 때가 한국전쟁이 나기 다섯 달 전이다. 전쟁이 치러지는 동안 이 일을 마무리 짓지 못하던 당시 그의 심정을 쉽게 헤아려 볼 만하다. 그는 자신만의 글로는 객관성을 확보하기 어렵다고 판단했을 터이고, 그래서 전쟁이 막바지에 이르러 중부전선에서 지루한 공방전이 펼쳐지고 있을 때 부친의 행적을 정리하고 또 알리고자 무척 애를 썼던 것이다.

그는 이와 비슷한 기록을 두 편이나 더 썼다. 자신이 만 세 살 때 순국한 아버지이지만 한 순간도 잊지 않고 지내온 지난 사실들을 정리해 두려 애를 썼던 것이다. 그가 쓴 글은 큰 틀에서 보면 결정적인 오류가 적지만, 세세한 점에서는 잘못된 것이 많다. 모친과 숙부 그리고 만주에 살면서 들은 이야기를 정리하다보니, 시기와 이름, 사실이 뒤바뀐 경우도 여럿 있다. 하지만 의도적으로 지나치게 조상을 높이거나 과대평가하지는 않았다.

『선부군유사』. 1950년 1월 아들 권형순이 쓴 아버지의 일대기

이 무렵 그는 또 하나의 비극을 맞았다. 1953년 아내가 갑자기 병사한 것이다. 맏아들 대용이 네 살 되던 해였다. 어린 아이를 기르는 일도 다급했다. 하는 수없이 그는 몇 년 지나 봉화군 재산면 현동리에 살던 경주김씨 김재환金在煥의 딸 김주金周와 결혼하게 된다.

형순은 아버지 권기일의 삶을 좀 더 좋은 문장으로 정리하려고 주변에 부탁하였다. 그 일을 받아들여 준 사람이 김우동金佑東(의성김씨)이다. 그는 안동시 서후면 금계마을 출신으로 일직면 망호로 옮겨와 우거한 학자였는데, 포항공대총장을 지내다가 작고한 김호길의 작은 할아버지다. 그가 쓴 「순국열사권군기일유사발殉國烈士權君奇鎰遺事跋」은 형순의 글을 바탕으로 권기일의 삶을 기리는 것인데, 작성시기가 옛날 갑자로 "흑사황매절黑蛇黃梅節"이라 기록되어 있으니, 즉 1953년 5월에 쓰였음을 알 수 있다.

한 가지 남은 중요한 문제가 있었다. 권기일과 권혁린이 같은 사람이라는 사실을 확인해 둘 필요가 있다는 것이다. 물론 동네에서는 그것을 잘 알고 있지만, 법적인 차원에서 문제가 발생할 경우, 이를 객관적으로 인정받을 수 있는 근거가 필요했다. 그는 1959년 9월 14일에 독립지사 권기일이 권혁린과 동일인이라는 사실을 확인하기 위해 일직면장과 지서장의 이름으로 사유서를 작성하였다.

書之而竢後之君子嗚呼 歲庚寅正月   日
不肖孤衡純 泣血謹書

殉國烈士權君奇鎰遺事跋

憶 我嶺南賢人君子之遺化習俗忠臣烈士
代不絶史甲于東韓世 共知而挽近以來國運
中否風潮日變綱紀遂絶反道敗德不忠不義侚
以爲常長夜靑卯但聞狐狸之聲有知覺者聞

김우동이 쓴 「순국열사권군기일유사발」

앞에서도 본 것처럼, 형제들이 처음에는 '기奇'자를 사용하다가, 1911년에 망명을 앞두고서 모두 '혁爀'자로 바꾸었다. 물론 그는 이보다 훨씬 앞선 1907~8년에 이미 혁린이라는 이름을 사용하였다. 그렇지만 만주에서는 '기일'이라는 이름을 사용하였는데, 이 두 이름이 같은 인물이라는 사실을 확인하지 못할 경우 부친의 활동내용을 공인 받기 어려웠다. 때문에 아들 형순은 이를 확인하는 작업을 했던 것이다. 그런데 중요한 사실은 이것이 독립유공자로 포상받기 위한 것이 아니라는 점이다. 정부가 대대적으로 독립유공자를 포상한 시점이 1962년과 1963년 두 차례였다. 이승만 정권 시절 일시적으로 포상이 이루어진 적은 있지만, 자기 측근 몇 사람에 지나지 않았다. 그러던 차에 5·16군사쿠데타로 집권한 군부세력이 국민들의 정서를 감안하여 펼친 사업 가운데 하나가 바로 독립유공자 포상이었다. 백범 김구를 비롯한 대부분의 독립운동가들이 포상된 것이 이때였다. 그 포상이 진행되던 과정에서 독립운동가의 이름이 호적 기록과 다른 경우, 입증하기도 힘들고 포상하기도 어려웠다. 그런데 형순은 이를 마치 내다보기나 한 듯이 그 보다 2년 앞서 '동일인 증명'을 마쳐 두었다.

정부는 1961년부터 독립유공자에 대한 포상 작업에 나섰다. 그러자 형순은 1962년 9월에는 「애국지사유족확인원」을 내각사무처에 제출하였고, 1963년 3·1절에는 드디어 부친이 대통령표창에 추서될 수 있게 되었다. 그러나 형순은 포상이 너무 낮게 평가되었다고 생각하고, 다시 자료수집과 보완 작업에 나섰다.

1964년 5월에는 남후면장의 이름으로 「이명동일인증명원」을 다시 작성하였고, 같은 해 7월에는 안동군민 826명의 서명을 받아 진정서를 제출하였다. 서명자 명단을 보면, 참으로 대단하다는 생각밖에 들지 않는다. 서명자의 출신지가 안동의 대다수 지역을 망라하고 있다. 당시 교통사정을 감안한다면, 안동의 대부분 지역을 걸어 다니며 해낸 일이라는 것을 새삼 느끼게 된다. 이만큼 많은 서명자를 확보한 사실 자체가 대단한 일이었다. 아내를 앞장세우고 리어카를 끌면서 간장장수 행상을 하면서도 끝내 부친의 역사를 검증해 내려는 그의 눈물겨운 노력이 1977년에 가서야 결실을 거두었다. 대한민국 정부가 권기일에게 건국포장을 추서하게 된 것이다. 뒤에 다시 포상법이 바뀌면서 1990년 12월 16일 건국훈장 애국장이 추서되기에 이르렀다.

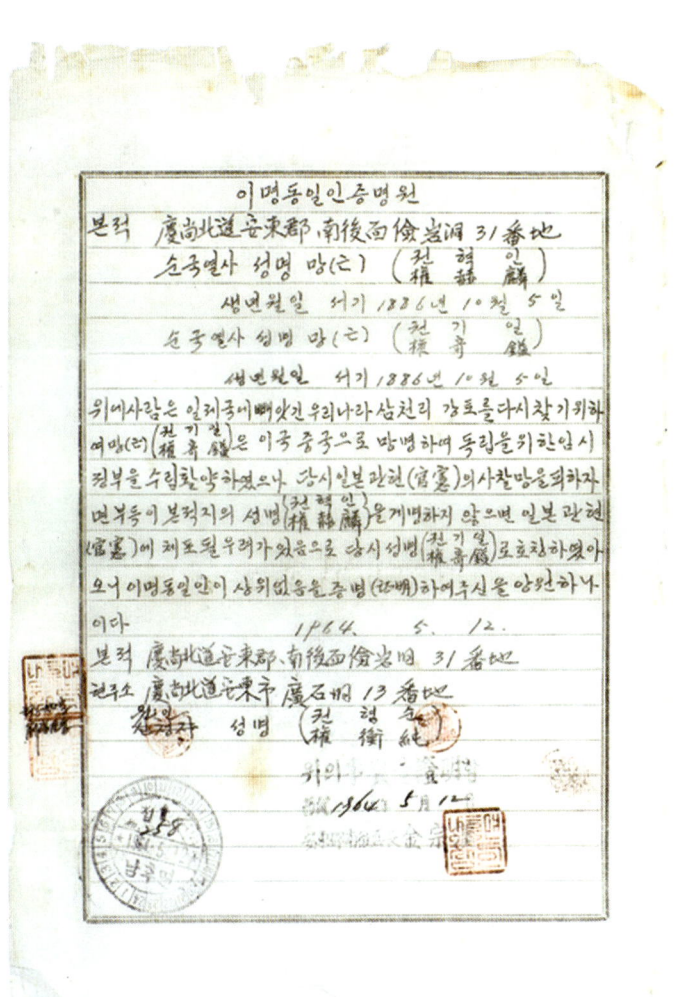

이명동일인증명원

물론 진정서가 만들어졌다고 해서 포상수준이 높아지는 것은 아니다. 새로운 자료가 발견되거나 보완되어 결정적인 변화가 요구될 때 비로소 고쳐지게 되는데, 포상 등급이 바뀌던 이 무렵에 피살순국이라는 사실이 뒤늦게나마 확인되었음을 말해준다.

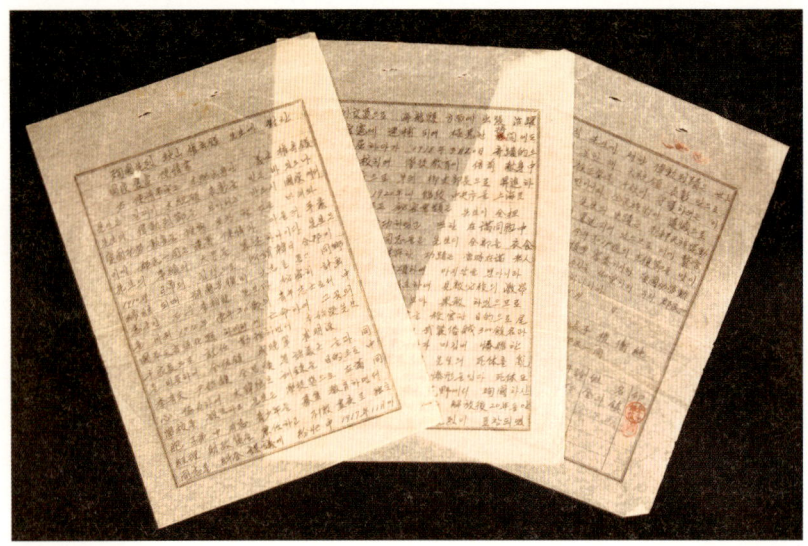

1964년 제출한 진정서

리어카 간장장수가 된 명가名家의 주손

　명문 집안의 주손이 리어카를 끌고 길거리를 돌아다니며 간장을 파는 장면이 안동 시가지에 나타났다. 안동은 참으로 특별한 지역이다. 21세기에 들어 선 지금에도 명문거족이 존재한다. 그냥 스쳐 지나면 잘 모르지만, 조금만 관심을 갖고 들여다보면, 도시와 다른 모습을 엿볼 수 있다. 갑자기 과거 속으로 여행하는 기분을 느끼게 된다. 'Back to the Future'라는 말이 딱 들어맞는다. 특히 대도시에서 태어나고 자란 사람들은 발견하기도 힘들고 이해하기는 더더욱 힘든 세계가 존재한다.

　이 지역 명문 종가에는 1970년대 초반까지 아랫사람이 있었다. 물론 1894년에 노비가 공식적으로 해방되었지만, 실제로는 그 뒤에도 노비가 존재하였다. 점차 그 노비들이 성과 이름을 갖추고 호적을 가지고 독립하게 되었지만, 그 자취는 상당히 오랫동안 남아 있었다. 비록 노비는 아니더라도 아랫사람으로서 종가 일을 돌보는 인물은 여전히 남아 있었던 것이다. 혼인할 수 있는 통혼권이 변하지 않고 내려온 것은 두말할 나위가 없다. 이런 안동사회에 명문 집안의 대를 이어가는 주손이, 그것도 아내가 치는 북소리를 앞세우고 리어카를 밀며 간장을 팔러 다니는 모습은 가히 상상하기조차 힘들다.

거짓말 같이 여겨지는 그 장면을 고스란히 보여주는 자료가 남아 있다. 3·1운동 50주년이 되던 1969년, 《신동아新東亞》 8월호에 게재된 사진과 글이 바로 그것이다. "오늘을 사는 한국의 서민"이란 시리즈의 32번째 글인데, 두 가지로 구성되었다. 하나는 사진기자 김순경金順慶이 사진과 설명을 붙인 사진에세이 「행상行商하는 '부창부수婦唱夫隨'」이고, 다른 하나는 권중현權仲鉉 기자가 쓴 「간장장수 권형순權衡純씨」이다.

김순경 기자가 소개한 사진은 구시장 골목의 어물전 앞을 지나는 장면으로부터 시작된다. 그런데 표현이 흔히 쓰는 '부창부수夫唱婦隨'가 아니라, 남편과 아내의 순서가 뒤바뀐 '부창부수婦唱夫隨'다. 아내 김주金周(만 43세)가 앞장서서 북을 치고, 그 뒤에 남편 형순(만 52세)이 리어카를 밀고 따르기 때문이다. 간장통이 가득 실려 있는 리어카에는 막내딸 미용이 타고 있다. 이 장면에서 김기자는 다음과 같이 에세이를 썼다.

안동시의 웬만한 거리에는 일정한 시간만 되면 권형순(53)씨네 부부가 울리는 북소리가 들린다. 일정한 시간에 시작해 같은 코스를 돌기 때문

行商하는 「婦唱夫隨」

사진·글 金順慶

리어카 간장장수가 된 명가名家의 주손

이다. 시 중심부로 들어갈수록 북소리는 더 커지고 어물시장도 이들의 북소리가 들려야 어울린다.

사진기자의 글은 약간 낭만적이다. 여기에 비해 당시 이들의 살림살이에 대한 권중현 기자의 표현은 매우 사실적이다.

한 일자의 4칸四間 초가草家(광석동-필자 주). 밭이 있고 논이 있고 우물이 있고 언덕이 있는 농촌農村의 초가草家가 아니고 소도시小都市 안동시安東市에 붙어 있는 초가다.
방 셋, 부엌 하나가 각각 한 칸씩 차지하고 나란히 있다. 그 한 쪽 끝 방이 간장장수 권權씨가 세 들어 있는 방. 10개월 삭월세(사글세)가 8천 5백원이니 한 달에 8백 50원 꼴이 된다.
부인 김주金周(44)씨가 들어오고 위로 세 아들 대용大容(19) · 무용茂容(12) · 용국容國(8)과 막내딸 미용美容(4)이 들어오니 방안에는 더 앉을 틈이 없다.
방금 끌고 들어온 간장통이 실린 리아카(리어카)가 방 앞에 놓여 있다. 방안에는 간장냄새가 가득하고 남편 얼굴에도 부인 얼굴에도 아이들 옷에도 간장끼가 배어있는 간장장수 집이다.

땀내를 맡았는지 모기가 팔뚝에 달라붙는다.

(중략)

서울서 내려오는 간장을 근처의 도매상에서 사다가 리어카에 싣고 나가려면 아침 6시부터 움직여야 한다. 안동安東 시청에서 등사일을 해주고 있는 장남 대용大容이를 먼저 보내고 서부국민학교西部國民學校에 다니는 둘째(3학년)와 셋째(셋째, 1학년)를 보내야 된다.

아이들 먹고 난 상에 그대로 앉아 부부가 식사를 끝내기가 무섭게 네 살짜리 막내딸 미용美容이가 리어카에 놓인 궤짝에 들어앉는다. 낮에는 빈집에 망내(막내) 혼자 둘 수 없어 데리고 나가는 것이다.

리어카에는 한 말들이 플라스틱 간장통 네 개를 앞에 놓았고 그 뒤에는 소금광주리와 미용美容이 앉는 조그만 궤짝이 있다.

부인이 밀짚모자를 쓰고 둥그런 북이 매달린 끈을 목에 걸고 앞에 나서면 남편은 헌 운동모자를 앞으로 숙여 쓰고 뒤를 따라 나선다.

「덩덩 덩덩쿵」하고 무당의 굿소리 같은 북소리가 골목에서 울리기 시작하면 이들의 하루 일과가 시작되는 것이다.

부인이 치는 북소리는 힘이 있고 자리가 잡혔는데 머리가 희끗 희끗한 남편이 끄는 리아카(리어카)가 굴러가는 데는 좀 힘이 들어 보인다. 안동시安東市 중심가中心街를 지날 때면 부인의 북소리는 점점 더 커지고 당당한데 남편의 허리는 더 꾸부러지고 모자는 집을 나올 때 보다 더 숙여 씌워져있다. 부인이 오른손의 방망이로 북을 치고 왼손으로 장단을 맞추며 크고 작은 음식점을 들러 간장이나 소금이 떨어졌나를 물어보며 앞으로 나가고 그 뒤를 남편의 리어카가 슬슬 따른다.

그토록 당당하던 한 명문 집안이 사라져버린 현장을 보여주는 기록이다. 끊이지 않고 내려온 학문과 관직의 줄기, 천 석이 넘는 수확량을 자랑하던 재력. 이 모든 것이 그야말로 눈 깜짝할 사이에 모두 사라져 버렸다. '천상에서 지옥으로'라는 표현처럼, 살림살이 넉넉하던 한 집안의 참혹한 몰락은 단지 10년 만에 벌어진 '찰라'의 사건이었다.

그렇지만 형순은 당당했다. 아는 이들을 만날 때 갖는 고통도 있었을 것이고, 더러는 옛날 자신의 집안에 아랫사람으로 지낸 인물이나 그 후예를 만나기도 했을 터. 그러나 그는 길거리에 나섰다. 왜냐하면 그러한 몰락이 노름이나 잡스런 일을 하다가 벌어진 것이 아니기 때문이다. 실제로 나쁜 짓을 하다가 집안을 망친 경우는 결코 길거리에 나서지 못한다. 모든 책임이 자신에게 있고 남들의 눈총이 따가워 견딜 수가 없기 때문이다.

따지고 보면, 형순으로서는 부끄러울 게 없다. 이 모든 슬픔이 내 민족을 살리려다 빚어진 일이 아닌가. 그 아버지가 더러는 야속하게 느껴지는 순간도 있기도 하고, 문중에서 더러는 그 어른 때문에 망했다고 원망하는 소리도 듣지만, 그는 결코 아버지가 부끄러운 인물이 아니라고 생각했다. 오히려 그는 아버지가 겨레의 가슴속에 길이 살아남을 인물임을 확신하고 살았다. 그 때문에 자신 있게 길거리에 리어카를 밀고 나갈 수 있었던 것이다.

그래도 민족정기는 살아 있다

추산 권기일은 여러 대에 걸쳐 관직을 지내거나 빼어난 문장을 남긴 조상과 가세가 좋은 집안을 잇는 명가의 후손이었다. 그것도 주손冑孫으로 태어나, 앞날이 훤하고 남들의 부러움을 받는 인물이었다. 그러나 부모를 모두 일찍 여의게 됨에 따라 조부 아래에서 성장하게 되었다. 그에게 청년시절 닥친 문제는 일찍 홀로되었다는 것보다는 국가를 상실당한 민족문제였다. 만 24세에 국치를 당하면서 독립운동에 나설 것을 다짐하고, 노비를 해산시키고 재산을 처분하였다. 그리고서 1912년, 즉 26세의 나이에 새어머니와 동생들, 아내와 딸을 대동하고, 조부모를 남겨둔 채 망명길에 올랐으니, 안동출신 독립운동가들이 걸어간 큰 물결에 그도 발을 내디딘 것이다.

추산이 만주에서 벌인 활동의 핵심은 한인 동포사회를 운영하는 일이었다. 경학사나 부민단, 그리고 한족회로 대별되는 한인 동포사회의 운영 주체에 참가한 그는 교육활동에 힘을 쏟았고, 또한 군자금 수송을 맡기도 했다. 한인사회의 운영은 크게 빛나 보이는 일이 아니다. 그렇지만 독립군을 키워 독립전쟁을 벌이려는 기본계획을 추진하자면, 가장 기본적으로 독립군기지를 뒷받침할 수 있는 동포사회의 건립과 운영이 시급했다. 때문에 그는 백가장이니, 천가장이니 하는 동포사회의 경영자가 되어 이를 유지하면서 새로 이주해 오는 동포들을 안정시키고, 또 그들을 교육시켜 독립전쟁에 필요한 인물로 육성하는 데 기여한 것이다. 교육회의 위원이었다는 사실도 그러한 점을 말해준다.

그는 1920년 8월 15일, 평소 정성을 쏟아 부었던 신흥무관학교 근처 수수밭에서 일본군에 의해 처참하게 살해당했다. 26세에 망명하여 만 8년 동안 온갖 정성을 쏟아 붓다가 만 34세라는 한창 나이에 순국한 것이다. '경신참변'이라 불리는 일본군의 만행은 곧 독립군의 기지를 근본적으로 박멸하겠다는 일본의 정책에서 빚어진 참극이었다. 그 과정에서 비무장 민간인들이 입은 수난은 너무나 엄청난 것이었다. 권기일도 그러한 과정에서 동포사회를 지키다가 살해된 것이다.

권기일의 짧은 일생을 쫓아가다가 느끼는 가장 큰 충격은 화려하고 빛나던 가문이 민족문제를 해결하기 위해 싸우다가 순식간에 무너진 비참한 현실이다. 망명준비 2년, 망명투쟁 8년. 이것이 추산이 역사의 도전 앞에 자신을 내던진 10년 세월이다.

이 10년의 걸음은 너무나도 엄청난 변화를 가져다주었다. 역사에서 정의가 승리해야 함에도 불구하고, 민족의 제단에 목숨 바친 인물과 그 후예들이 겪어야 하는 고난은 너무나 가혹한 것이었다. 더구나 화려했던 명가의 자취는 아예 사라져 버렸고, 그곳에 어떤 명가가 있었다는 사실은 전설 속으로 사라졌다. 리어카를 끌고 길거리에서 간장을 파는 한 초로初老의 인물이나 기억할 뿐, 이 집안이 천석을 넘는 재력과 10대를 너머 전해오는 주손으로서 빼어난 인물을 배출한 집안이라는 사실은 그저 바람결에 지나가 버렸다. 오직 남은 것은 힘들고 비참한 생활 현실이었다. 이것이 우리 역사의 축소판이라는 생각이 들면서 비감해지기조차 한다.

만약 이로써 이야기가 끝나버린다면, 우리는 역사의 정의를 믿지 않게 된다. 뉘라서 민족의 문제에 자신을 버리려 할까? 이런 자조 섞인 한탄을 바보스럽고 못난 생각이라 책망할 만한 일이 생겼다. 한편에서는 종가를 다시 세워보려는 후손들의 노력 또한 빛나고 값진 것이라 하지 않을 수 없다. 유교문화권의 주류에 속했던 한 가문이 근대 민족문제를 풀어 가는 과정에서 민족의 양심과 같은 길을 가다가 몰락하여 뒤안길로 떨어진 참혹한 모습과 이를 극복하여 다시 현대사회의 주류로 회복시키려는 집안의 노력을 지켜보면서 안타까운 마음을 갖다가, 그 에너지에 기대를 가지게 된다.

2001년 권기일의 삶을 기리자는 노력이 나타났다. 후손의 애정과 열정이 안동사회에 작은 울림으로 전해지고, 청년유림 단체가 적극 앞장을 섰다. 이것은 '역사의 정의와 힘'을 믿고 반듯하게 증명하려는 뜻에서 비롯되었다. 추산권기일선생기념비건립위원회가 구성되었다.[38] 그해 6월 15일 마침내 고향마을 입구에 기념비를 세웠다. 선조들의 묘소가 줄지어 내려서는 발치 아래, 멀리 북쪽으로 선조 매애선생이 살았던 금계마을을 바라보는 자리, 더 멀리 만주에 묻힌 권기일 선생

[38] 위원장: 李東奭, 부위원장: 權五春·李漢斗, 위원: 權奇弘·權英澤·權英禧·金喜坤·柳漢承·李孝杰, 간사: 朴寬雨

의 묘소를 구름 너머로 그려보는 곳, 바로 거기를 택하여 기념비를 세웠다. 비문은 필자가 한글로 짓고, 기념비는 당시 성균관대학교에 재직하던 김세일 교수(현재 서울과학기술대학교 재직)가 제작하였다. 전통적인 거북이 받침과 이무기 머리를 가진 비가 아니라, 현대적인 조형물을 만들었다.

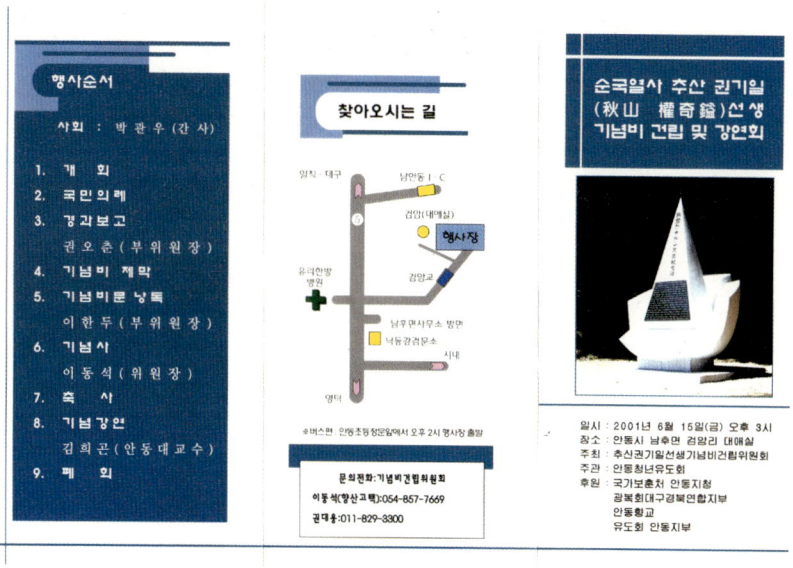

2001년 기념비 건립 팸플릿

2001년 고향마을 입구에 세워진 기념비

권기일 기념비문

기념비 건립 제막식과 강연회 모습

순국열사추산선생기념비문殉國烈士秋山先生紀念碑文

여기 대곡마을은 꺼져 가는 민족의 숨결을 되살리는 데 몸바친 추산 권기일(權奇鎰 1886~1920)선생이 나신 곳이다. 안동권씨 부정공파(副正公派)의 후예인 선생은 가징(可徵)공 이후 10대째 맏집을 이은 주손(胄孫)이었다. 선생은 일찍이 부친 수도(洙道;통덕랑)공과 모친을 여의고, 조부 헌봉(憲鳳;통훈대부·사근도찰방)공의 가르침 속에 성장하였다. 1910년 나라를 잃자 안동의 애국지사들이 독립군 기지를 건설하기 위해 만주로 먼 길을 떠났고, 선생도 그 길을 택하였다. 가슴에 타오르는 민족사랑의 열기가 그를 그냥 두지 않았기 때문이다. 조부모를 남겨둔 채 가족을 이끌고 1912년 3월 먼 망명길에 올랐다. 만주에 도착한 선생은 이상룡·김동삼을 비롯한 선배들이 결성한 경학사에 합류하였고, 부민단을 거쳐 한족회의 지역 대표인 구정(區正)과 교육회 위원으로 활동하면서 독립전쟁의 바탕이 되는 동포사회를 유지하는 데 온 힘을 쏟았다. 독립자금을 수송하다가 1917년에 일본경찰에 체포되었지만 탈출에 성공하기도 했다. 그렇게 키워낸 독립군이 봉오동·청산리전투에서 대승을 거두는 1920년에 일본군이 동포사회를 짓밟으니, 경신참변이라 부른다. 그 와중에 선생도 1920년 8월 15일 길림성 유하현 합니하의 신흥무관학교에서 일본군에 의해 무참히 살해되었으니, 망명한 지 8년만의 일이었다. 나라를 되찾으려 35세 젊음을 민족의 제단에 바친 추산선생! 그 뜻을 기리기 위해 선생의 숨결이 배어있는 이 마을에 돌을 세우노니, 모두 옷깃을 여미고 귀 기울여 보라. 민족적 양심과 역사적 바른 길이 무엇인지를 선생은 지금도 깨우치고 계시리니.

추산 권기일은 한국 독립운동사에서 그리 두드러진 인물이 아니다. 하지만 그의 삶과 죽음을 그리 간단하게 넘길 수는 없다. 넉넉하고 이름 가진 한 가문이 한 순간에 무너져버린 기가 막힌 이야기다. 그것도 나라 위해 목숨 던진 의로움 때문에 벌어진 일이다. 그렇다면 의로운 삶과 선택이 가져온 결과는 무관심 속에 사라지는 가문이란 말인가. 결코 그렇지 않다는 사실이 바로 그의 삶과 뜻을 기리는 정성으로 드러났다. 멀리 서간도 합니하가 휘도는 신흥무관학교 자리를 찾아 장대 같은 폭우 속에서도 제를 올린 그 정성도, 역시 역사의 정의를 믿고 이를 바로 세우려는 뜻에서 나온 것이다.

이제 남은 일은 그를 잇는 후손들의 발걸음이다. 고난의 세월을 힘들게만 여기지 말고, 이를 이겨내는 것이 그들에게 주어진 몫이다. 훌륭한 선조를 자랑스럽게 만드는 일은 조상을 자랑하기가 아니라, 후손이 우뚝 일어서는 것이기 때문이다. 그들의 의지를 기대하고 지켜본다.

II 부록

연보
행상行商하는 '부창부수婦唱夫隨'(《신동아》1969.8)
간장장수 권형순權衡純씨(《신동아》1969.8)

연보

출생과 성장

1886	안동군 남후면 검암동俭岩洞 31번지에서 출생(본명 혁린赫麟, 초명 인술麟述, 자 공서公瑞, 호 추산秋山) 조부 헌봉憲鳳이 사근도찰방沙斤道察訪 되다
1888	모친(의성김씨 시락時洛의 딸) 사망
1891	한문 수학 시작
1891	증조부 권규한權奎漢 사망
1902	부친 권수도權洙道(1870~1902, 자 성함聖涵, 통덕랑通德郎) 사망
1903	김성金姓(안동김씨 동추同樞 용묵溶默의 딸, 1885~1958)과 결혼
1905	본동 동장 및 면의원面議員으로 활동
1910	딸 귀향貴香 태어남, 이상룡 만나 정세 문제에 대해 지도 받음
1911	동생 혁룡赫龍 · 혁기赫驥 개명
1911.12.19	안동군 남후면 대야동大也洞(검암동 대곡)에서 선산군 해평면 해평동으로 전적轉籍

망명과 독립운동, 그리고 순국

1912.03.10	만주망명, 동포사회 형성과 운영에 참가
1914.11	조부 사망(안동군 남후면 검암동 31번지에서 사망)
1916	부민단扶民團 결성에 참여
1917	아들 형순衡純(초명은 형순亨純, 자는 경집敬集) 태어남(중국 길림성 빈강현 신전 출생으로 1936년에 신고하였으나, 출생 지역을 의도적으로 틀리게 신고)
1917.12	해룡현海龍縣 주재 일본영사관 경찰에 체포되어 곤욕 치름
1918.03.29	일본영사관에서 탈출 성공
1919.4초	한족회韓族會 결성에 참가(서간도를 중심으로 활동하던 지도자들이 결성, 민정民政 기능을 가짐, 이에 반해 서로군정서는 군정軍政 기능)
1920.06	봉오동전투
1920.08.15	일본군의 기습을 받아 살해됨(통화현 합니하哈泥河 신흥무관학교 근처 수수밭에서 순국)
1920.10	청산리전투
1921	서로군정서 독판 이상룡이 대한민국 임시정부에 「1920년 이후 1921년 2월 16일 사이에 서간도 지방에서 일본 군경에게 사살된 자의 성명 명단」 보고(순국자 34명 기

재, 권기일의 직책을 "교육회 위원, 한족회 구정區正"으로 기재)

1922	아내 김씨부인이 아들 형순을 계집아이로 꾸미고 귀국
1928	다시 만주로 가서 막내 시동생 기봉奇峰과 함께 권기일의 시신을 찾아 수습하고, 신흥무관학교 뒷산 '깨금다리밭'에 개장改葬
1936.12.15	일시귀국, 대구지방법원 김천지청 판결로 선산군의 본적 말소
1936.12.24	선산군 해평면 해평리 53에서 안동군 남후면 검암리 31 원적지로 전적신고, 아들 형순의 호주 상속 사실을 정리, (그 시기를 조부 사망 시점을 1921년 11월로 소급하여 정리) 다시 만주로 감
1945.09	김씨부인과 아들 형순 내외 귀국

포상과 기념

1963	대통령표창 추서
1977	법령 개정으로 건국포장으로 조정
1990	법령 개정으로 건국훈장 애국장으로 조정됨
2001	고향마을에 순국열사추산선생기념비 건립

〈자료 1〉 행상行商하는 '부창부수婦唱夫隨'(《신동아》1969. 8)

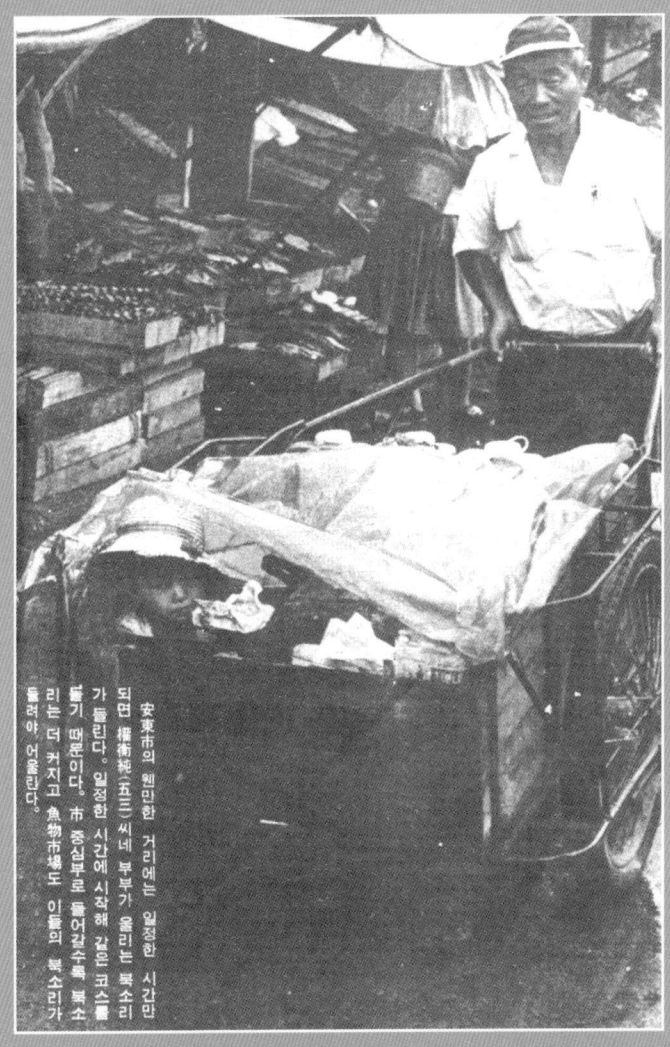

安東市의 웬만한 거리에는 일정한 시간만 되면 權衡祀(五三)씨네 부부가 울리는 북소리가 들린다. 일정한 시간에 시작해 같은 코스를 돌기 때문이다. 市 중심부로 들어갈수록 북소리는 더 커지고 魚物市場도 이들의 북소리가 들려야 어울린다.

〈자료 1〉 행상行商하는 '부창부수婦唱夫隨'

이들의 하루 장사는 리어카로 시작해서 리어카로 끝난다. 그래서 리어카는 이집의 귀중한 재산. 엊저녁에 장남이 수리한 리어카가 말을 잘 듣는지……?

북소리가 울리면 아낙네들이 간장병을 들고 모이고 후하게 주면 아이들도 좋아한다.

〈자료 1〉 행상行商하는 '부창부수婦唱夫隨'

보리밥 한그릇 먹고 나오면 점심때가 기다려진다. 二十원짜리 짜장면이 무척 달다.

따로 시장보러 나갈 필요는 없다. 좋은 찬거리가 눈에 띄면 사서 리어카에 실으면 된다. 장사가 잘 되나 서로 묻기도 하고.

〈자료 1〉 행상行商하는 '부창부수婦唱夫隨'

해질 무렵 집으로 돌아가는 길엔 북소리도 지쳐있고 꼬마도 지쳐있다. 오늘 매상은 어떤가, 아이들은 학교에 잘 다녀 왔나를 생각하며 걸음을 빨리한다.

해질 무렵 집으로 돌아가는 길 북소리도 지쳐있고 꼬마도 지쳐있다. 오늘 매상은 어떤가, 아이들은 학교에 잘 다녀 왔나를 생각하며 걸음을 빨리한다.

140 ■ 순국지사 권기일과 후손의 고난

〈자료 2〉 간장장수 권형순權衡純씨 (《신동아》1969.8)

오늘을 사는 한국의 서민庶民32

(이 글은 《新東亞》 1969년 8월호에 게재된 글인데, 가능하면 원문 그대로 옮겨 놓았다. 다만 한자를 한글로 표현하고 한자는 병기하고, 한자로 된 숫자를 아라비아 숫자로 표기하였으며, 특별한 경우 띄어쓰기를 했다.)

간장장수 권형순權衡純씨

권중현權仲鉉(동아일보사 신동아부 기자)

「부창부수婦唱夫隨」의 맞벌이

경북慶北 안동安東에서 북 치고 다니는 간장장수라고 하면 모르는 사람이 없다. 번지를 몰라도 부부夫婦가 북 치고 다니는 간장장수 집이 어디냐고 물으면 집을 찾는데 별로 시간이 걸리지 않는다.

『장사가 잘 됩니까』고 인사말로 물어보았다. 남편 권형순權衡純(53)씨는 얼른 대답을 않고 이것저것을 생각해 보는 듯하더니 우물우물 해버리고 만다. 괜찮게 된다고 해 보아도 그리 대단한 수입을 올릴 리가 없는 것은 뻔한 일이다. 서울의 어느 상점에 들어가 물어 보아도 볼 수 있는 반응과 비슷하다.

한 일자의 4칸四間 초가草家. 밭이 있고 논이 있고 우물이 있고 언덕이 있는 농촌農村의 초가草家가 아니고 소도시小都市 안동시安東市에 붙어 있는 초가草家다.

방 셋, 부엌 하나가 각각 한 칸씩 차지하고 나란히 있다. 그 한쪽 끝 방이 간장장수 권權씨가 세 들어 있는 방. 10개월 삭월세(사글세)가 8천 5백원이니 한 달에 8백 50원 꼴이 된다.

부인 김주金周(44)씨가 들어오고 위로 세 아들 대용大容(19)·무용茂容(12)·용국容國(8)과 막내딸 미용美容(4)이 들어오니 방안에는 더 앉을 틈이 없다.

방금 끌고 들어온 간장통이 실린 리아카(리어카)가 방 앞에 놓여 있다. 방안에는 간장냄새가 가득하고 남편 얼굴에도 부인 얼굴에도 아이들 옷에도 간장끼가 배어있는 간장장수 집이다.

땀내를 맡았는지 모기가 팔뚝에 달라붙는다.

간장장수는 부인이 먼저 시작했다. 남편이 농산물검사소農産物檢査所 청주지소淸州支所에 엽연초감정서기葉煙草鑑定書記로 다니다가 실직하면서부터다. 남편도 함께 나선 것은 1년도 못 된다. 선뜻 나서기가 어려웠다.

서울서 내려오는 간장을 근처의 도매상에서 사다가 리아카에 싣고 나가려면 아침 6시부터 움직여야 한다. 안동安東 시청에서 등사일을 해주고 있는 장남 대용大容이를 먼저 보내고 서부국민학교西部國民學校에 다니는 둘째(3학년)와 세째(셋째, 1학년)를 보내야 된다.

아이들 먹고 난 상에 그대로 앉아 부부가 식사를 끝내기가 무섭게 네 살짜리 막내딸 미용美容이가 리어카에 놓인 궤짝에 들어앉는다. 낮에는 빈집에 망내(막내) 혼자 둘 수 없어 데리고 나가는 것이다.

리어카에는 한말들이 플라스틱 간장통 네 개를 앞에 놓았고, 그 뒤에는 소금광주리와 미용美容이 앉는 조그만 궤짝이 있다.

부인이 밀짚모자를 쓰고 둥그런 북이 매달린 끈을 목에 걸고 앞에 나서면 남편은 헌 운동모자를 앞으로 숙여 쓰고 뒤를 따라 나선다.

「덩덩 덩덩쿵」하고 무당의 굿소리 같은 북소리가 골목에서 울리기 시작하면 이들의 하루 일과가 시작되는 것이다.

부인이 치는 북소리는 힘이 있고 자리가 잡혔는데 머리가 희끗 희끗한 남편이 끄는 리아카(리어카)가 굴러가는데는 좀 힘이 들어 보인다. 안동시安東市 중심가中心街를 지날 때면 부인의 북소리는 점점 더 커지고 당당한데 남편의 허리는 더 꾸부러지고 모자는 집을 나올 때보다 더 숙여 씌워져 있다. 부인이 오른손의 방망이로 북을 치고 왼손으로 장단을 맞추며 크고 작은 음식점을 들러 간장이나 소금이 떨어졌나를 물어보며 앞으로 나가고 그 뒤를 남편의 리어카가 슬슬 따른다. 북소리를 듣고 아낙네들이 간장병을 들고 나오기도 한다. 지나가던 아낙네들이 아른체를 하고 지나간다. 젊은 아가씨가 지나가며 농을 했다.

〈자료 2〉 간장장수 권형순權衡純씨

『아주머니 기분 좋겠네. 장단도 맞추고』

『네-』

고개도 돌리지 않고 앞을 보며 보통보다 좀 긴대답을 하고는 그대로 나아간다.

월평균月平均 일만一萬원 벌이

간장통 하나에 특장特醬, 상장上醬, 중장中醬, 하장下醬이 한말씩 들어있다. 각각 한말에 7백원, 5백원, 4백원, 2백원을 주고 사온다. 팔 때는 상품上品부터 한 되에 1백원, 70원, 60원, 30원. 가을철에 접어들면 각게우동과 오뎅이 잘 나가기 때문에 간장이 잘 팔려 하루에 대여섯 말이 팔린다.

하루 1천여 원 벌이가 되는 셈이다. 소금은 근처의 제렴공장에서 한말에 3백 50원에 사다가 깎아서 한 되에 40원씩 받고 고봉 한 되에 50원을 받는다. 역시 소금도 가을의 김장철과 이른 봄 장 담글 때는 하루에 한 말 반쯤 나간다. 2백 원쯤 떨어진다. 여름철은 불경기다. 간장도 고작해야 한말, 소금은 두말도 안 나간다. 연평균 1만원 벌이가 빠듯하다.

새벽 6시부터 움직이는 노동이니 오전 11시만 되면 시장 끼를 느낀다. 점심은 천막 친 각게우동집으로 들어가 20원짜리 짜장면(자장면) 한 그릇씩으로 때우고 만다. 간장이나 소금은 시중심부市中心部의 시장 근처에서는 잘 안 팔리기 때문에 변두리를 다 돌아야 한다. 오후 8시가 돼야 다 돌게 되고 그때서 납작보리 2되(대두), 쌀 1되를 사들고 집으로 향할 때쯤이면 20원짜리 짜장면이 소화된 지가 서너 시

〈자료 2〉 간장장수 권형순權衡純씨

간 되어 기진맥진하지 않을 수 없다. 앞서 가던 부인의 발걸음은 여느 때나 마찬가지로 싸구려 대포집으로 향하고 남편이 대포 세 잔하고 나올 때까지 부인은 밖에서 기다린다. 원래 술을 좋아하는 남편이지만 줄이고 줄여서 매일 대포 세 잔만은 마시도록 합의했는데, 그것도 안 먹고는 정말 못 배긴다.

『내 저것만 안 끌면 술 안 먹어도 돼』 입을 쓱쓱 문지르고 나오다가 리아카(리어카)를 가리키며 부인을 보고 안됐다는 듯이 하는 말이다. 약간 기운이 도는 남편이 리아카(리어카)를 앞세우고 부인은 뒤에서 다시 북을 치며 집으로 간다. 궤짝 속에 앉았던 막내가 빨리 집에 가자고 우니까 얼른 10원을 주고 달랜다. 올 때 사온 납작보리 1되에 쌀 반되를 익혀 상을 들여가면 밥그릇은 삽시간에 비고 만다.

동업자同業者가 늘어나 매상賣上 줄고

장남이 안동安東시청에서 받는 월급은 4천 5백원. 그것도 보탬이 되지는 않는 모양이다.

『보리밥이라고 안 싸 가지, 지 옷 해 입지, 5백원도 못 가와요』부인의 말이다.

단단해 보이는 근육, 벌겋게 혈색이 좋고 별로 고생스러움이 보이지 않는 남편의 얼굴과는 달리 무표정하게 굳은 부인의 얼굴에는 힘에 겨운 고생이 내뱄다. 부인이 남편과 결혼한 것은 지금부터 50년 전.

남편이 실직한 후부터 이 집의 생계는 부인이 꾸려야 했다. 처음에는 소금을 이고 다니며 집집을 돌았다. 그것으로 여섯 식구의 생계가 꾸려지지 않았다. 꾸어댄 짧은 밑천이 줄어 없어져 버렸다. 양조장에 가서 술 찌게미를 얻어 왔다. 한 바께스에 3원. 그 돈도 없어 할 수 없이 한때는 밥을 얻었다. 부끄럽다거나 못할 일을 한다거나 하는 생각은 이때 다 없어졌다. 어떻게든 살아야겠다는 단단한 마음은 이때 생겼다.

하루 열 시간을 북 방망이를 치면 손이 까진다. 까진 살이 아물기도 전에 다시 벗겨지고 피가 흐르면서 굳어갔다. 이제는 남의 살 같은 딱딱한 못이 엄지와 검지 사이에 자리 잡았다. 그래도 겨울이 되면 장갑을 껴도 굳은살이 갈라지고 피가 흐른다. 그래서 부인의 손에 박힌 굳은살은 남편의 손에 백(박)힌 것보다 더 딱딱했다. 『힘이 하도 들어 돌아가 뿌릴까도 했지만 고생이 아까워서……』하고 부인이 남편을 쳐다 볼 때 『갈라카면 가뿌리지 뭐』 하면서도 부인을 똑바로 쳐다보지 못하는 것은 그 때문이지도 모른다.

  소금만 머리에 이고 다니다가 간장과 함께 리어카를 끌게 되면서 여자 혼자 힘으로는 벅찼다. 그래서 남편의 사촌처남이 리어카를 끌었다. 지금의 단골은 다 그때 생긴 것이다. 한참 자리가 잡혔을 때는 지금처럼 음식점을 기웃거리지 않고 북만 쳐도 됐다. 그런데 이제는 경쟁자가 자꾸 생겨난다. 제일 걱정이 되는 것은 옛날의 동업자 사촌처남이다. 남편이 대신 리어카를 끌자 사촌처남이 따로 간장장사를 시작한 것이다. 같이 다녀 단골을 다 알고 있기 때문에 자꾸만 단골을 뺏어간다. 장사에 심상치 않게 위협이 됐다. 『저 사람이 길을 가리켜 줘서 그렇단 말이야』 하며 남편이 짜증을 냈다. 사촌처남뿐이 아니다. 이제는 아홉 사람의 간장 행상이 생겼다. 매상은 자꾸 늘어가고 무슨 대책을 생각해야 될 판이다.

독립투사獨立鬪士의 집안이나

권형순權衡純씨가 태어난 곳은 만주滿州. 원래 집안에는 논마지기나 있었고 큼직한 기와집도 한 채 있었다. 일인日人들의 등살이 심해지자 부친 권기일權奇鎰씨는 재산을 전부 처분하고 중국中國 봉천성奉天省 통화현通化縣 〈서간도西間島〉으로 들어가 독립운동獨立運動에 가담, 한족회韓族會 구정區正, 교육회敎育會 위원委員을 맡아 보기도 하고, 한때는 간도지방間島地方에서 교포僑胞들의 추대로 백가장百家長·천가장千家長을 지내기도 했다. 1963년 3월 1일에는 6973호로 대통령표창도 받았다(법령이 개정되어 포상등급이 몇 차례 바뀌었다. 1977년에 건국포장으로 바뀌고, 1990년 12월 26일 건국훈장 애국장으로 조정되었다. - 필자 주).

1917년 11월 부친이 국내國內에서 통화현通化縣으로 들어오는 독립운동 자금資金을 받으러 나갔다가 일본日本관헌에게 붙들려 들볶이다가 이듬해 3월에 용케 탈출에 성공했다는 이야기는 당시 부친과 같이 만주滿州에 있던 삼촌에게 들어 알고 있다고 한다.

이때부터 부친은 일경日警의 미행을 받다가 1920년 7월에 그가 관계하던 한교韓僑의 무관학교武官學校에서 일군日軍의 습격을 받고 살해됐다(『조선민족운동년감朝鮮民族運動年鑑』 158페이지에 기록되고 있다). 통화현通化縣 합니하哈泥河의 무관학교武官學校에 있다가 학교를 포위한 일군日

軍에게 잡혀 수수밭으로 끌려 나가 전신이 총검에 찔려 절명했다는 것도 역시 삼촌이 얘기해 주더라고 한다. 그가 세 살 되던 해다.

모친이 혼자 세 살 난 자식까지 데리고 살 수도 없고 혹시나 자식에도 무슨 위험이 닥칠까 해서 그를 여장女裝을 시켜 안동安東에 계신 종조부한테 왔다.

안동安東에서 살기가 어려워져 고생을 하고 있는데 삼촌이 만주滿州로 다시 들어오면 일자리가 있다해서 19세 때 다시 만주滿州로 들어갔다.

삼촌은 만주滿州에서 일인日人이 경영하는 운수회사運輸會社에 있었다. 이때부터 광복光復까지 10년 동안을 그는 일인日人 회사에서 일을 하게 됐다. 관동군關東軍에 식품을 공급하던 일인日人 회사 삼초정주식회사三硝井株式會社에서 일을 하기로 했다. 28세 때는 권업철공소勸業鐵工所라는 데를 들어갔다. 관동군關東軍에 공급하는 창槍을 만드는 회사다. 이 회사가 쓰는 원료原料는 중국中國에서 얻는데 이때 중국어中國語를 잘하는 사람이 필요했고 그가 중국어中國語를 알아 통역 일을 맡아보았다.

권업철공소勸業鐵工所에 있다가 광복光復을 맞았다. 종조부댁에 다시 돌아왔지만, 그럭저럭하는 동안에 어려서부터 농사는 지어보지 않은 셈이니 답답하지 않을 리 없다. 5~6년은 참고 농사를 지어 보앉다. 탐탁하게 생각되지가 않던 차에 외사촌이 외자청外資廳에 넣어 주겠다고 했다. 그래서 들어간 곳이 외자청外資廳 의성추장소義城出張 所. 5급 1호봉에 3만 3천여 환을 받았다. 펜 잡고 앉아 하는 일이라 할 만하다 생각했는데 5·16이후 외자청이 없어지는 바람에 할 수 없이 들어앉았다. 사면으로 부탁을 해서 이번에는 국립농산물검사 소國立農産物檢査所 엽연초감정서기葉煙草鑑定書記를 했다. 망내(막내)를 낳던 해 엽연초葉煙草 검사 사무가 전매청專賣廳으로 넘어가는 통에 또 실직을 당했다.

직장은 여러 번 옮겼지만 그래도 엄청나게 고된 막일은 별로 하지 않은 셈이다. 또 한 직장을 나오게 되면 운이 좋았는지 어떻게 하다 보면 다른 곳으로 다시 들어갈 수가 있었다. 외자청外資廳과 농산물 검사소農産物檢査所에 다닐 때에는 생활도 그리 어렵지 않았다. 그런 데 농산물검사소를 나온 후부터는 시간이 자꾸만 흘러도 들어갈 데 가 생기지 않았다. 나이도 이미 49세가 됐으니 당연한 노릇이다.

그렇다고 선뜻(선뜻) 막일로 나설 엄두는 나지 않았다. 나이도 나이 지만 어쩐지 막일이 자기에게는 좀 어울리지 않는 것도 같았다. 하 르빈 시도외市道外 제3중학교第三中學校 밖에 나오지 않았지만 한자漢 字 같은 것은 요즘 대학생들 못지 않게 잘 안다고 생각됐다. 더구나 어려서부터 농사나 노동으로 잔뼈가 굵은 것도 아니다. 큰 야망 같은 것이야 가질 수도 없고 또 갖고 있지도 않다. 그래서 어디서 책상이나 앞에 놓고 사무나 보았으면 하는데 그게 자꾸만 중단이 되는 것이다.

생계生計를 위해 체면도 버리고

본래도 윤택한 생활을 한 것은 아니지만 그런데 이제는 끼니를 장만하기가 점점 힘들어졌다. 안에서 소금을 이고 나가 행상을 시작했다. 그것도 시원치 않았다. 집안에 불화不和도 점점 잦았다. 축 늘어져 저녁 때 들어오는 부인 얼굴을 보기도 안됐고 아이들 보기도 창피했다. 그래도 엄두를 못 내고 있었다.

결국 안에서 집집으로 끼니를 얻으러 다니는 일까지 종종 생기게 됐다. 하는 수 없이 노동 일이라도 해야 했다.

안동시安東市 용상동龍上洞에서 엽연초葉煙草를 포장한 담배포를 져 날랐다. 일당 130원씩을 받았다. 힘에 겨워 배길 수가 없었다. 한 달 만에 집어 치워 버렸다. 더 좋은 일자리가 있어서도 아니다. 나와 놓고 보니 일당 110원이라도 받을 때가 좀 나았었구나 하는 생각이 들었다. 이번에는 힘이 좀 덜 드는 일이 걸렸다. 엽연초葉煙草 건조장에서 엽초의 등급을 가르는 일이었다.

부인이 소금 팔아 번 것과 자기의 일당을 합쳐도 끼니를 이어 가기가 빠듯했다. 아이들도 자꾸 커가고 학비도 조금씩 늘어 갔다.

다행한 일은 안에서 이고 다니는 소금 보따리가 조금씩 늘어가는 것이었다. 팔 때마다 한줌씩 더 집어 주고 단골집에 소금이 떨어지

〈자료 2〉 간장장수 권형순權衡純씨

리라고 생각되는 때를 놓지지(놓치지) 않고 들려 단골을 다른 사람에게 뺏기지 않는데 신경을 썼다.

판매량이 점점 늘어 머리에 이고 다니기가 벅차게 되자 안에서 리어카라도 하나 빌리든지 빚을 내서 사든지 하자고 했다. 리어카를 끌고 다니게 되면 여자 혼자는 할 수 없는 것이다. 부부가 같이 소금 팔러 다녀야 할 판이다. 얼른 마음이 내키지 않았다. 답답해진 부인이 마침 놀고 있던 남편의 사촌처남을 끌여 들였다. 빚을 내서 헌 리어카를 하나 샀다.

소금광주리가 리어카로 변하자 단골들도 좋아했다. 간장을 받아 같이 싣고 다녔다. 간장이 소금보다 더 나갔다. 매상고가 늘어나자 덤도 더 많이 주었다. 될 수 있는 대로 시장에서 멀리 떨어진 변두리로 단골을 넓혀갔다. 그러나 수입을 사촌처남하고 가르는 일이 골치 아프고 시끄러웠다. 더구나 사촌처남은 따로 행상을 시작해 보려는 눈치였다.

시아버지가 독립운동을 했다는 것을 부근에서 아는 사람들은 알고 있다. 또 양복에 구두신고 외자청外資廳에 다니고 농산물검사소農産物檢査所에 다닐 때는 남편이 펜대 잡고 사무를 보았다. 힘 드는 일만 아니면 그도 어디 남모르는 곳에서는 노동일이라도 할 수 있다. 그런 것을 전부 알고 있지만 부인은 다시 남편을 졸랐다.

『이제는 좀 나아지지 않았소. 지금 리아카(리어카)를 집어치우고 광주리를 이어야 되고 그렇게 되면 다시 장사가 줄어드는 게 아니요. 또 경쟁자도 지금 자꾸 생겨나고 있지 않소』

이렇게 해서 남편도 따라 나선 것이 이제 6개월째다.

벼슬도 없고 부富도 없는 사람들이 서민庶民이라고 할 수 있을지 모르겠다. 그 서민庶民은 옛날이나 지금이나 어디를 가도 있었다. 그러나 그들 중에는 점점 약해져 가는 사람도 있고 점점 강해져 가는 사람도 있다.

권權씨네 간장장사는 이제 좀 나아졌다. 보리밥이지만 먹을 수 있다. 아이들도 학교에 다니고 있다. 그렇지만 앞으로는 지금보다 나아질지 못해질지 알 수 없다. 단골을 뺏어 가는 사촌처남도 있고 다른 경쟁자도 많아지고 있다. 멀지 않아 그들도 북을 들고 나올지 모른다.

그런데 남편은

『지금도 양복을 입고 나가면 친구들이 없는 것은 아니다. 그렇지만 리아카(리어카)를 끌고 나서면 보고도 못 본 척하니……. 다행이긴 하지만……』

하고 있고, 부인은

『지금은 훨씬 나아진기다. 옛날에 밥 얻으러 다닐 때를 생각하면……』 한다.

요즘은 독립유공자사업기금법獨立有功者事業基金法에 의해 한 달에 6천원씩 원호금(현재의 독립유공자 국가 보훈보상금 - 필자 주)이 나온다. 그 돈도 모아지지 않는다.

장남이 고등학교를 졸업하면 자동차 기술학원에 들어가겠다니 그 아이가 앞으로 벌어올지도 모르는 돈은 저축을 하고, 원호금 6천원도 앞으로는 다 쓰지 말고 모아 어떻게 논마지기나 사서 살아 볼 수 있을는지 모르겠다면서 부인은 혼자 말하듯 중얼중얼 했다.

물론 지금 지고 있는 리어카 값 1만여 원하고 간장과 소금 도매집에 못 주고 있는 외상값 1만 7천 원을 갚아야 되고, 그때쯤이면 리어카 끄느라고 남편 손에 박힌 못도 지금보다 훨씬 딱딱해 질 테고.

오늘을 사는 韓國의 庶民 ㉜

간·장·장·수 權衡純·씨

權 仲 鉉
(東亞日報社新東亞部記者)

「婦唱夫隨」의 맞벌이

慶北安東에서 북치고 다니는 간장 장수라고 하면 모르는 사람이 없다. 번지를 물다가 夫婦가 북치고 다니는 간장장수집이 어디냐고 물으면 집을 찾는데 별로 시간이 걸리지 않는다.

「장사가 잘 됩니까」고 인사말로 물어보았다. 남편 權衡純(五三)씨는 얼른 대답하지 않았다. 남겻것을 생각해 보는 대답이 우물우물 해버리고 만다. 괜찮게 된다니 우물우물 해버리고 만다. 괜찮게 된다고 해 보아도 그리 대단한 수입을 올릴리가 없는 것은 뻔한 일이다. 서울의 어느 상점에 들어가 물어 보아도 볼수 있는 한

용과 비슷하다.
한옆자의 四間 草家. 방이 있고 논이 있고 우물이 있고, 언덕이 있는 農村의 草家가 아니고 小都市 安東市에 붙어 있는 草家다.
방 셋, 부엌 하나가 각각 한칸씩 차지하고 나란히 있다. 그한쪽 골방이 간장장수 權씨가 세들어 있는 방. 十개월 삭월세가 八千五百원이니 한달에 八百五十원 꼴이 된다.
부인 金周(四川)씨가 들어오고 위로 아들 大容(一九) 茂容(一二) 容國(八)과 막내딸 美容(四)이 들어오니 방안에는 더 앉을 틈이 없다.

간장장수는 부인이 먼저 시작했다. 남편이 農産物檢査所淸州支所에 葉煙草鑑定書記로 다니다가 실직하면서부터다. 남과 함께 나선 것은 一년도 못된다. 선뜻 나서기가 어려웠다. 서울에서 내려오는 간장을 근처의 도매상에서 사다가 리어카에 싣고 나가려면 아침 六시부터가 움직여야 한다. 安東 시경에 밤글 끌고 들어온 간장통이 실린 리아

서 등사일을 해주고 있는 장남 大容이를 먼저 보내고 西部國民學校에 다니는 둘째 (三學年와 세째(二學年)를 보내면 된다. 아이들 식사를 끝내기가 무섭게 네살짜리 막내딸 美容이가 리어카에 동인 궤짝을 내려 가식사를 끝낸 상에 그대로 앉아 부 앉는다. 낮에는 빈집에 맡자 혼자 둘 수 없이 데리고 나가는 것이다.
리어카에는 한말들이 플라스틱 간장통 四개를 앞에 놓았고 그뒤에는 소금광주리 와 美容이가 앉는 조그만 궤짝이 있다. 부인이 밀쳐모자를 쓰고 둥구런 북이 매달린 곤봉 목에 걸고 나서면 남편 은 헌 운동모자를 앞으로 숙여쓰고 따라 나선다.
「명명 명명」하고 무당의 굿소리 같은 북소리가 골목에서 울리기 시작하면 이들 의 하루 일과가 시작되는 것이다.
부인이 치는 북소리는 힘이 있고 자 리가 잡혔는데 머리가 외곳 희끗한 남편 고는 리아카가 굴러가는데는 좀 힘이 들어 보인다. 安東市 中心街를 지날때면 부인 의 북소리는 점점 더 커지고 당당한데 남 편의 허리는 더 구부러지고 모자는 깊숙이 눌러쓴 그 방향이로 북을치고 원손으로 잘단 든손의 방망이로 크고 작은 음식점을 들러 장단을 맞추며

月平均 一萬원벌이

이 한말씩 들어가에 特醬, 上醬, 中醬, 下醬. 각각 한말에 七백 원, 五백원, 四백원, 二백원을 주고 사온 다. 팔때는 上品부터 한되에 一백원, 七 十원, 六十원, 三十원. 가을철에는 접어들 면 각계우동과 오랭이 잔가기 때문에 하루 一천여원 벌이가 되는 셈이다. 소금 은 근처의 제림공장에서 한말에 三백五 十원에 사다가 깎아서 한되에 四十원씩 받 고 고물한되고 五十원을 받는다. 역시 소금도 가을에 김장철과 이름 장담을때 十여원에 가자고 간단. 二말일름 팔 어진다. 여름철은 불경기다. 간장도 고작 고 답댄다. 올때 사온 남자보리 一되에 쌀
이나 소금이 떨어졌냐를 물어보며 앞으로 나가고 그뒤로 남편의 리어카가 술을 따 른다. 북소리를 듣고 아낙네들이 간장병 을 들고 나오기도 한다. 지나가던 아낙네 씨가 아른체를 하고 지나간다. 젊은 아가 씨가 지나가며 농을 했다.
「아주머니 기분좋겠네. 장단도 맞추고」 고개도 돌리지 않고 앞을 보며 봉봉보 다 좀 긴대답을 하고는 그대로 나아간다.
「네—」

해야 한말, 소금은 두말도 안나간다. 평균 一만원 벌이가 빠듯하다. 연 새벽 六시부터 움직이는 노동이니 점심은 十一시만 되면 시장끼를 느낀다. 二十원짜 리 짜장면 한그릇씩으로 때우고 만다. 간 장이나 소금은 市中心으로 번두리에서 야 한다. 오후 八시가 되야 다들게 되고 그때서 남작보리 二되(대두), 쌀 一되를 사고 집으로 향할 때쯤이면 二十원짜리 맥 장면이 소화되기 서너시간뒤이 기진 맥진하지 않을수 없다. 앞서 가던 부인 의 발걸음은 여느때나 마찬가지로 쌓쌓 대포집으로 향하고 남편이 대포 세잔하고 나올때까지 부인은 밖에서 기다린다. 원 래 술을 좋아하는 남편이지만 이곳고 집 에서 매일 대포 세잔만은 마시독 학의 였는데, 그것도 안먹고는 정말 못해진다.
「내 저것만 안먹으면」 리키면 부인을 보고 안됐다는 듯이 하는 말은 슥쏙 문지르고 나오다가 리아카를 양손에 끌어쓰고 부인은 뒤에서 다시 북을치 머 집으로 간다. 궤짝속에 앉았던 막내가 빨리 집에 가자고 우니까 얼은 十원을 주

158 ■ 순국지사 권기일과 후손의 고난

同業者가 늘어나 賣上 줄고

장남이 安東市廳에서 받는 월급은 四千五百원. 그것도 보탬이 되지는 않는 모양이다.

『보리밥이라고 안 먹어 가지, 지워내기지, 五백원도 못가와요』부인의 말이다.

단단하고 고생스러움이 보이지 않는 남편의 얼굴에는 달리 무표정하게 굳은 부인의 얼굴에는 힘이 겨운 고생이 내뱉다. 부인이 남편과 결혼한 것은 지금부터 十五년전.

남편이 실직한 후부터 이집의 생계는 부인이 꾸려야 했다. 처음에는 소금을 이고 다니며 집집을 돌았다. 그것으로 여섯식구의 생계가 꾸려지지 않았다. 입맛이 줄어 없어져 버렸다. 아까께조선 三리로 가서 고생이 한참을 얻어왔다. 원. 그런도 없이 무영일을 한다거나 하는 생각은, 단단한 마음은 이때 생겼다. 하루 十시간을 부지런히 일치면 손이 살아오겠다는

인이 쿠려야 했다. 그것으로 소금을 이고 단처도 봤다. 그러면 경영자가 자꾸 생겨났다. 계란 걱정이 되는 것은 옛날의 동업자도 사촌처남이리고 같아서 사촌처남이 를 시작한 것이다. 장사에 실상치 않게 자꾸만 알고 있기때문에 갈이 다니며 당글을 팔어잔 사람이 걸을 가리켜 적어 그들다. 『저 하며 남편이 작증을 냈다. 사촌처남들이

獨立鬪士의 집안이나

권형순씨가 태어난 곳은 滿州. 일례 집안에는 논마지기나 있었고 日人들의 도학제 부친 權奇煥씨는 제살을 전부 팔아가지고 中國奉天省通化縣 (西間島)으로 가서 獨立運動에 가담, 韓族會區正, 敎育會委員을 맡아가고 大統領表彰도 받았다. 六二三년 三월 一일에는 六九七三로 大統領表彰을 받았다.

一九一七년 十一월 부친이 國內에서 通化縣으로 이사가는 獨立運動資金을 받으러 나왔다가 日本警察에게 붙들려 들어가 다가 이듬해 三월에 용케 탈출해 성공했 다는 이야기는 당시 부친과 같이 滿州에 있던 權奇煥씨는 그때 부친과 같이 滿州에 이때부터 부친은 日警의 미행을 받다가 武官學校에서 日軍의 습격을 받고 살해됐다. [朝鮮民族運動年鑑] 一五八페이지에 기록되다. 通化縣哈泥河의 武官學校에 있고 있었다.

이제는 아흔사람의 간장 행상이 생겼다. 매상은 자꾸 늘어가고 무슨 대책을 생각해야 할 판이다.

다가 학교를 包圍한 日軍에게 잡혀 수수밭으로 끌려나가 銃劍에 절명, 절명했다는 것도 역시 삼촌이 얘기해 주더라고 한다. 그가 세살되던 해 만치이 후자 세살난 자식까지 데리고 살 수도 없고 혹시나 자식에도 무슨 일 당철까 해서 그를 女裝을 시켜 安東에계 신 종조부한테 왔다.

安東에서 살기가 어려워 고생을 하고 있는데 삼촌이 滿州로 다시 들어 오면 일 자리가 있다해서 一九세때 다시 滿州로 들어갔다.

삼촌은 滿州에서 日人이 경영하는 三肆井株式會社에 있었다. 이때부터 光復까지 十年 동안을 그는 日人회사에서 일을 하게 됐다. 關東軍을 식품을 공급하던 日人회사 二八세때는 勸業鐵工所라는 회사에 關東軍에 공급하는 槍을 만드는 회사다. 이회사가 쓰는 原料는 中國에서 엄청 자유히 흘러 들어 갈 수가 있었다. 그러기에 中國語를 잘 아는 사람이 필요했고 이때 그가 中國語를 알아 통역 일을 맡아 보았다.

勸業鐵工所에 있다가 光復을 맞았다. 종조부댁에 다시 돌아 왔지만, 그럭저럭하는 동안에 어려서부터 농사는 지어보지 않은 셈이니 닿닿하지 않을리 없다. 五, 六

년은 참고 농사를 지어 보았으나, 탄타하게 못지 않게 잘 안다고 생각했다. 더구나 어려서부터 농사나 노동으로 장삐가 곱은 것도 아니다. 큰 야망 같은 것이야 가질 수도 없었고 또 잦고 사무가 어디서 책상 안에 앉아 살아 오던 그게 자주만 중단이 되는 것 이다.

生計를 위해 체면도 버리고

본래도 윤택한 생활한 것은 아니 만 그런데 이제는 끼니를 장만하기가 점 힘들어 졌다. 앞에서 소금을 이고 나가 행상을 시작했다. 그것도 시원치 않았으나 집안에 不和도 잦아졌다. 출 늘어오 저녁때 돌아오는 부인 얼굴을 보기도 不和스러워 아이를 보기도 챙피했다. 그래도 엄 두를 못내고 있었다.

결국 안에서 집질으로 끼니를 얻으러 나는 일까지 종종 생기게 됐다. 그래도 엄 없이 노동일이라도 해야 했다. 安東市龍山洞에서 葉煙草를 포장한 빽포를 저날랐다. 일당 一百三十원씩을 받 았만에 힘에 겨워 배길 수가 없었다. 한 달만에 집어 치우 버렸다. 더 좋은 일자리가 있어서도 아니다. 나와 보고 보니 일 당 一百十원이라도 밭을 맬 때가 좀 나았었

년은 참고 농사를 지어 보았으나, 탄타하게 생각되지가 않었던차에 의사촌이 外資聽에 넣어주겠다고 했다. 그래서 들어갔 곳이 外資聽義城出張所 五級一號俸에 三四 三千円 월급을 받았다. 젠잖이 앉아 하는 일이 資聽에 없어지는 바람에 이번에는 國立農産物檢査所, 葉煙草鑑定書記를 했 다. 맞내로 나면에 葉煙草검사 사무가 專賣廳으로 넘어가는 통에 또 실직을 당했다.

어디서 책상이 앞에 놓고 사무나 어딘가에 그게 자구만 중단이 되는 것 이다.

<자료 2> 간장장수 권형순權衡純씨

순국지사 권기일과 후손의 고난

III
찾아보기

㉠

간서군정서 / 87
갑오경장 / 46
경신참변 / 86, 121, 127
경학사 / 65, 66, 68, 78, 120, 127
교남교육회 / 49, 51
교남교육회 안동지회 / 51
교육회 / 70, 71, 77, 78, 81, 120, 127
권가징 / 24, 30, 31
권귀향 / 44, 63
권규한 / 37, 96
권기 / 20
권기봉 / 63, 96
권기영(권혁기) / 59, 63
권기일 / 4, 5, 12, 14, 21, 24, 26, 30, 31, 36, 37, 40, 44, 46, 47, 49, 51, 57, 58, 60, 61, 63, 65, 68, 69, 70, 71, 73, 75, 77, 78, 80, 81, 82, 83, 86, 87, 88, 92, 93, 94, 95, 96, 97, 98, 101, 107, 110, 119, 121, 122, 128
권기종(권혁롱) / 59, 63
권대용 / 5, 6, 17, 105, 107, 116, 117, 142
권무용 / 116, 142
권미용 / 114, 116, 117, 142, 143
권수도 / 36, 37
권수룡 / 101
권숙팔 / 104
권영달 / 101, 104
권예 / 26, 33, 36
권오상 / 101
권오성 / 101, 104
권오식 / 101, 104
권오운 / 101, 104
권용국 / 116, 142
권용하 / 57
권전 / 26
권중현 / 114, 116
권지 / 26, 30
권진국 / 26, 31, 33
권창업 / 30

권철경 / 26
권태시 / 30
권헌봉(권태석) / 37, 51, 60, 94, 95, 96, 127
권혁두 / 101
권혁린 / 36, 47, 59, 107, 109
권형순 / 14, 96, 114
김구 / 109
김규식 / 69
김대락 / 57, 65
김동만 / 92, 93, 94
김동삼 / 52, 57, 65, 66, 75, 79, 92, 127
김성 / 44
김성일 / 26, 36
김세일 / 123
김순경 / 114
김순흠 / 52
김승학 / 77, 81
김시락 / 36
김용묵 / 44
김우동 / 107

김재환 / 107
김정식 / 69
김종훈 / 79
김주 / 107, 114, 116, 142
김창환 / 71
김택진 / 57
김형식 / 69, 79

ⓛ

낙강정 / 33, 36
남경대 / 30

ⓒ

대한민국 임시정부 / 81, 83, 87, 88, 92
대한협회 안동지회 / 49, 52

ⓔ

류도발 / 57

찾아보기 ■ 165

류인식 / 47, 57, 66

ⓑ

병산서원 / 41
봉오동전투 / 11, 83, 86, 93
부민단 / 71, 75, 77, 78, 120, 127

ⓢ

사카모토 / 87
서로군정서 / 79, 80, 81, 87, 88, 92
서부국민학교 / 117, 142
신민회 / 66
신상면 / 47
신흥강습소 / 11, 66, 67, 68
신흥무관학교 / 11, 12, 67, 68, 82, 83, 87, 93, 95, 96, 97, 120, 128
신흥중학교 / 67
신흥학교 / 67, 68

ⓞ

아카이케 / 86
안창호 / 67
양기탁 / 67
여준 / 70
원병상 / 67
윤기섭 / 71, 79
윤대승 / 44, 63
윤세복 / 71
이동녕 / 66
이동춘 / 63
이만도 / 57
이맹원 / 97
이봉희 / 69
이상룡(이계원) / 17, 52, 57, 58, 61, 65, 66, 67, 70, 71, 81, 83, 87, 88, 127
이순신 / 26
이승만 / 109
이오미 / 63
이은숙 / 67
이종숙 / 98

이준형 / 69
이중언 / 57
이청천 / 71, 97
이탁 / 78
이해동 / 65, 92
이현섭 / 57
이현일 / 30
이회영 / 66, 67

추산권기일선생기념비건립위원회 / 122

ⓗ

한국전쟁 / 105
한족회 / 71, 77, 78, 79, 80, 81, 92, 120, 127
협동학교 / 49, 57, 79

ⓙ

자신계 / 78
장유순 / 66
장작림 / 12, 86
장흥효 / 26, 30
중·일합동수색대 / 86, 87

ⓒ

청산리전투 / 83, 86, 93, 127
청성산 / 32
청성서원 / 32
최명수 / 71, 79